중간언어와 오류 분석

Error Analysis and Interlanguage

Error Analysis and Interlanguage
by S Pit Corder

Error Analysis and Interlanguage was originally published in English in 1981.
This translation is published by arrangement with Oxford University Press
ⓒ S Pit Corder 1981.

Korean Translation Copyright ⓒ 2011 by Pagijong Press.

중간언어와 오류 분석

S Pit Corder 지음

신승용 | 김지민 | 이순영 옮김

Error Analysis and Interlanguage

도서
출판

　학습자 오류의 연구에는 두 가지 정의가 있다. 하나는 교육적 정의로, 오류를 근절하는 체계적인 방법을 찾기에 앞서 오류의 본질에 대한 정확한 이해가 필요하다고 보는 것이다. 다른 하나는 이론적인 정의로, 학습자 오류에 대한 연구가 학습자 언어에 대한 체계적인 연구의 일부라고 주장한다. 학습자 언어에 대한 연구는 그 자체로 제2언어 습득 과정에 대한 이해를 필요로 하다. 만일 우리가 언어 교수에 대한 자료나 기술의 발전과 향상에 대해 어떠한 제안을 한다면 우리는 이러한 지식을 가지고 있어야 한다. 이 책의 첫 번째 장에서 이러한 관점에 대해 기술하였고, 그 뒤의 장에서 여러 방향으로 발전시켰다. 간략히 이야기하면 이 책의 전반부의 반에서 오류 연구의 방법론적인 문제와 제2언어 교수에서 오류 분석의 적용에 대한 논의를 다루었다. 후반부에서는 이론적인 문제에 대한 논의가 더 있는데, 특히 제2언어 습득과 중간언어의 본질, 언어의 한 종류로서 제2언어 학습자의 언어, 그리고 그것과 다른 언어 종류와의 관계에 대해 다루었다. 중간언어에 대한 이러한 연구는 언어 교수와의 최종의 관련성과는 독립된 순수한 이론적인 가치를 가진다. 이는 더 포괄적인 개념으로서의 언어 혹은 언어학 연구의 한 분야이다.

이 책의 첫 번째 장이 쓰일 무렵인 1960년대까지는 제2언어 학습의 문제와 관련된 주요한 이론이 행동주의였고, 언어 학습은 새로운 언어의 습관을 획득한다는 관점을 대체적으로 고수하였다. 그렇기 때문에 오류는 모국어의 습관이 새로운 언어에 지속됨으로 인해 나타나는 결과로써 예측할 수 있는 것이었다. 대부분의 오류는 전이로 인한 것이었고, 따라서 응용언어학 연구는 대부분 어떤 특정 언어 배경을 가지는 학습자에 의해 만들어지는 오류를 예측하거나 설명하기 위하여 모국어와 목표어를 비교하는 데에 몰두하였다. 하지만 간과하거나 과소평가한 것은 오류를 이러한 방식으로는 설명할 수 없다는 것이었다. 어떠한 경우에서든 교수가 관여되어 있는 한 모든 오류는 그 원인이 무엇이든지 본질적으로 동일한 기법의 반복 연습과 관련해서 다루어졌다. 이 책의 첫 번째 장은 제2언어 학습에 대한 행동주의적 설명에 대해 심각한 의문이 제기되는 무렵에 시작되었다. 이것은 촘스키의 영향을 받은 심리언어학이 제1언어 습득에 대해 설명하기 시작한 것에 대한 관심의 결과였다. 제1언어 습득에서 작용한 인지 과정이 동일하게 제2언어 학습에서 사용되느냐에 대해 질문을 하는 것은 너무나 자연스러웠다.

게다가 1970년대 초는 제2언어 습득 분야에 중대한 실험적인 연구가 시작된 때였다. 이러한 질문은 연구자들이 가장 먼저 한 질문이었다. 특정한 언어 습득 장치에 대한 생각의 일반적 포기는 더 이상 연구자들의 흥미를 활발하게 고취시키는 질문이 아니다. 동시에 제2언어 습득에서 제1언어의 역할이 보다 흥미로운 질문거리가 되었다. '중간언어'(interlanguage)라는 용어는 언어 학습자의 언어는 학습자의 L1과 목표어 사이의 일종의 합성이라는 생각으로 Selinker에 의해 처음으로 만들어졌다. 이러한 생각의 증거는 전이 과정에서 기인하는 많은 양의 오류들이다. 그러나 제2언어 습득 연구자들이 정식 교육을 받지 않은, 특히 어린이들과 같은 학습자로부터 자료를 수집하기 시작하였을 때, 전이 오류의 비율은 매우 낮았다. 더군다나 이러한 오류들은 동일한 발달 단계에 있는 대부분의 학습자에게서 발견되었고, 이는 대체로 모국어의 특성에 의존하는 것으로 보였다. 명확하게 중간언어는 합성의 언어는 아니고 그 자체로 발달의 과정을 가진 것이다. 1967년에 본고의 첫 번째 장에서 이루어진 제2언어의 내재화된 교수요목에 대한 고찰은 경험적 지지를 받고 있다. 제2언어 학습에서 '자연 순서'에 대한 개념은 현재 경험적인 증거들로부터 상당한 지지를 받고 있다.

언어 교사와 이러한 발견들의 관련성은 명확하다. 우리가 만약 학습자에 의해 점차적으로 만들어지는 제2언어 지식의 자연 순서를 만들 수 있다면, 도구들, 특히 구조적 교수요목과 같은 것들이 지금보다 더 견고한 기반으로 향상될 수 있을 것이다. 지금의 도구들은 유용성의 개념과 언어학적 개념의 의존성들이 섞여 있는 것이지 명확하게 언어 학습의 심리언어학적 증명에 기반을 하고 있는 것이 아니다.

발달의 '자연 순서'의 실존과 특성의 확립은 제2언어 습득 연구의 근본적인 목적이며, 제2언어 습득 연구 분야의 범위는 다른 주제를 포함하여 확장하여 왔다. 최근 몇 년간 언어 교수에서 강조점이 이동하였는데, 체계로서 언어학습이라는 편견에서 의사소통목적을 위한 체계의 기능적 사용이라는 측면으로 이동한 것이다. 이러한 관점은 제2언어 습득 연구에 영향을 끼쳐 왔다. 언어는 자연 상황에서 의사소통의 필요와 시도, 즉 의사소통을 통하여 획득된다는 것을 분명히 인식하게 되었다. 그러나 의사소통의 본질이 무엇인가? 단지 모국어 화자들 간의 의사소통과 같은 것을 말하는 것인가? 혹은 어떤 특별한 특징을 가지는 것인가?

실제 어떤 언어의 모국어 화자들은 학습자들과 교류할 때 여러 가지 방법으로 자신의 언어를 학습자에게 맞춘다. 이는 학습자들이 자신들의 언어 체계에 대한 지식을 창조하고 의사소통에서 그것을 창조적으로 사용한다는 증거이다. 그러나 학습자는 의사소통의 목적을 위해 학습자 자신의 중간언어를 사용하기 위한 시도에서 중간언어의 상대적인 단순함과 결핍에 의해 방해를 받는다. 학습자가 어떻게 이러한 제약을 극복할 수 있을까? 그의 무지함에서 오는 제약의 영향을 최소한으로 만들기 위해 어떤 전략을 채택할 것인가? 이 역시 이 책에서 다루고 있는 주제들이다. 중간언어의 이해는 더 이상 구조적인 적절성에 대한 이해라는 좁은 영역으로 제한되지 않는다. 또한 우리는 언어 발달이 일어날 수 있는 의사소통적 환경을 알기를 원하며, 그것이 의사소통을 하고자 하는 화자들에 의해 어떻게 처리되는지 알고자 한다. 왜냐하면 이것들 역시 언어교수 및 학습과 관련되어 있기 때문이다.

이 책은 Corder(1981)의 Error analysis and interlanguage를 번역한 것이다. Corder(1981)는 Corder가 그동안 발표했던 12편의 논문을 한 데모아 엮은 것이다.

제2언어 습득론이나 제2언어 교육에서 오류에 대한 관점의 전환은 Corder(1967)였다고 해도 과언이 아니다. 행동주의 이론이 주류를 이루던 당시에 제2언어 학습자의 오류를 단순히 모국어 습관의 지속이 아닌 그 자체로 발달 단계를 밟는 하나의 독립된 언어로 보고, 이러한 제2언어 학습자의 언어를 언어학적으로 구명하였다. 이는 대조분석가설에 입각하여 모국어와 목표어의 차이를 좁히는 데 주로 초점을 두던 당시의 교수-학습 분야에도 영향을 끼쳤다. 이 책은 제2언어 학습자의 언어를 응용언어학적으로 연구하든 교수-학습의 관점에서 연구하든 제2언어 학습자의 언어를 연구하는 데 있어 기본이 되는 책이라고 할 수 있다.

외국어로서의 한국어교육 분야에서도 오류 분석은 제2언어로 한국어를 배우는 학습자들의 언어를 연구하거나, 효과적인 교수-학습 방안을 고안하는 데 있어 아주 중요한 방법론이다.

　모든 학문 분야가 마찬가지이듯 해당 학문 분야의 기본적인 개념의 확립과 정의는 공부를 시작하고 확장하는 기초가 된다. 이 책은 오류의 정의, 중간언어의 언어학적 특성, 발달연속체로서의 중간언어의 특성, 단순코드와 단순화된 코드의 정의 등 기본적인 개념의 확립과 정의에 많은 부분을 할애하고 있다. 이러한 점이 이 책의 번역을 시작하게 된 동기이기도 하다.

　번역은 기본적으로 직역을 원칙으로 하였고, 필요한 경우에는 역자주를 통해 이해를 보충하는 방식으로 하였다. 그리고 직역으로 인해 생기는 번역투의 문장이나 어색한 문장은 다시 자연스러운 국어 문장으로 다듬었다. 원문의 의미를 손상시키지 않으면서 국어 문장으로 만드는 작업이 번역 과정 내내 힘들었다. 번역 과정은 먼저 1차 번역을 한 후, 세 사람의 공동 번역자가 함께 모여 원문을 대조하면서 오역을 바로잡았다. 이 과정에서 번역투의 문장이나 어색한 문장을 국어 문장에 맞게 다시 한 번 다듬었다.

번역을 시작할 때는 원문보다 어려운 번역서를 반면교사로 삼아 원문보다 이해하기 쉬운 번역서를 만드는 것이 목표였다. 그래서 2차 작업시에 원문 대조도 충실히 하고, 또한 문장도 번역투의 문장을 최대한 국어 문장으로 다듬었다. 바라건대 이 책이 한국어를 제2언어로 배우는 학습자의 언어를 연구하는 분들께 작으나마 도움이 되었으면 한다.

　마지막으로 어려운 출판 환경에서도 이 책의 출판을 맡아주신 박이정 출판사와 이 책의 편집을 맡아주신 박이정출판사 관계자 분들께 감사를 표한다.

2011. 3.

신승용 · 김지민 · 이순영

| 감사의 글 |

이 책에 실린 논문의 재출판을 허락해 준 아래의 출판사와 출판 관계자들께 감사한다.

Acknowledgements are made to the following publishers for permission to reproduce the papers in this collection:

Julius Groos Verlag, for 'The Significance of Learners' Errors' published in the *Internaional Review of Applied Linguistics*, Volume V No. 4, 1967, for 'Idiosyncratic Dialects and Error Analysis', published in Svartvik, J. (ed.) (1973) *Errata: Papers in Error Analysis* and in the *International Review of Applied Linguistics*, Volume IX No. 2, 1971, and for 'The Elicitation of Interlanguage', published in a special issue of IRAL on the occasion of Bertol Malmberg's sixtieth birthday.

Centre for Information on Language Teaching and Research, for 'Describing the Language Learner's Language', published in *CILT Reports and Papers*, No. 6, 1971.

Cornelsen–Velhagen & Klasing & Co., for 'The Role of Interpretation in the Study of Learners' Errors', published in German as 'Die Rolle der Interpretation bei der Unterssuchung von Schulfehlern' in *Fehlerkunde*, edited by G. Nickel, 1972.

Hochschul Verlag (Germany), for 'The Study of Interlanguage', published in the *Proceedings of the Fourth International Congress of Applied Linguistics*, Volume 2, 1976.

Universität Bern and the Indiana University Linguistics Club, for '"Simple Codes" and the Source of the Second Language Learner's Initial Heuristic Hypothesis', published in *Studies in Second Language Acquisition*, Volume I No. I, 1977, and for 'Language Distance and the Magnitude of the Language Learning Task', published in *Studies in Second Language Acquisition*, Volume II No. I, 1978.

Université de Neuchâtel for 'Language Continua and the Interlanguage Hypothesis', published in the *Proceedings of the Fifth Neuchâtel Colloquium*, 1977.

The Association Finlandaise de Linguistique Appliqueé, for 'Strategies of Communication', published in *AFinLA*, No. 23, 1978.

Newbury House Publishers Inc., for 'Formal Simplicity and Functional Simplification in Second Language Acquisition', published in *New Dimensions in Second Language Acquisition Research*, edited by Roger Anderson, 1980.

학습자 오류의 중요성

현대의 언어를 가르치는 일에 대한 일반적인 연구에서 놀랍게도 연구자가 학습자의 오류와 오류에 대한 교정의 문제를 피상적으로 다루는 것을 발견하게 된다. 학습자의 오류가 마치 특별히 중요하지 않은 성가시고 주의를 흐트러뜨리는 문제처럼 가볍게 처리되는 것으로 보인다. 하지만 학습자의 오류는 언어를 배우는 과정에서 나타나는 부득이한 부산물로서, 교사는 학습자 오류에 대해 불평하지 말아야 한다. 물론 언어학습 연구에 언어학 이론과 심리학 이론이 적용됨으로써 오류에 대한 논의에 새로운 장이 추가된 것은 사실이다. 우리는 이제 제1언어의 습관이 제2언어 습득을 간섭함으로써 생기는 오류들을 설명하는 원리화된 수단들을 가졌다고 믿는다. 언어 교수에서 언어학의 중요한 기여는 학습자의 모국어 체계와 제2언어 체계간의 깊이 있는 대조 분석적 연구라고 여겨진다. 대조분석적 연구를 통해 제2언어 학습에서 학습자가 어려워하는 부분의 목록을 만들게 되었다. 이러한 목록들의 가치는 학습자가 어려워하는 부분에 교사가 주목할 수 있게 만들었고, 그럼으로써 교사는 교수 상황에서 이러한 예측 가능한 어려움을 극복하거나 또는 피하기 위해 특별한 주의와 강조를 쏟을 수 있게 되었다. 하지만 교사가 언어학자의 이러한 기여에 늘 고마움을 느끼는 것은 아니다. 왜냐하면 교사들은 대체로 그들의 실제적인 경험을 통해 이미 학습자들의 어려움들이 어디에서 생기는지를 보아 왔고, 또한 언어학자의 기여가 그들에게 어떤 중요한 새로운 정보를 제공하고 있다는 것을 느끼지 못하기 때문이다. 예컨대 교사들은 그들이 친숙하게 접하는 많은 오류들이 언어학자에 의해서는 결코 예측되지 않는다고 말한다. 그래서 교사는 대체로 학습자들이 겪은 이러한 어려운 부분들을 단순히 발견하는 일보다는 이것들을 어떻게 다루어야 하는지에 더 직접적으로 관련되어 있고, 이러한 점에서 교사는 언어학자가 자신에게 말할 수 있는 부분들이 얼마 되지 않는다고 생각하게 되었다.

교수법 분야에서 학습자 오류를 바라보는 데에는 두 가지 서로 다른 관점이 있다. 하나는, 만일 우리가 완벽한 교수 방법을 가지게 된다면 오류는 처음부터 결코 범해지지 않을 것이므로 오류의 발생은 단순히 현재의 교수 기술이 적절하지 못하다는 신호라고 주장하는 관점이다. 다른 하나는, 우리는 불완전한 세상에 살고 있기 때문에 우리가 최선의 노력을 하는데도 불구하고 오류는 항상 일어나기 마련이라고 보는 관점이다. 따라서 우리는 오류가 발생한 후에 그러한 오류들을 다루는 기술을 개발하는 것에 집중해야 한다.

이러한 두 관점은 언어와 언어 학습, 심리 행동주의자(psychologically behaviorist)와 언어 분류학(linguistically taxonomic)에서의 이론적 견해와 양립 가능하다. 이러한 관점들이 언어교수에 적용된 것이 청화식 교수법 또는 기초 훈련 방식이라고 알려져 있다.

언어학과 심리학은 현재 촘스키가 '유동'(flux)과 '뒤섞기'(agitation)라고 말한 상태이다(Chomsky 1966). 몇 년 전만 하더라도 잘 확립된 학설처럼 여겨지던 것이 지금은 광범위한 논쟁의 주제이다. 언어 교수에 대한 이러한 논쟁의 결과는 영향이 큰 것처럼 보이지만, 우리는 그 효과를 아마도 지금에서야 느끼기 시작하고 있는 중이다. 하나의 효과는 아마도 교수에 집중하던 것에서 학습에 대한 연구 쪽으로 강조점이 이동한 것이다. 이는 먼저 모국어 습득 문제에 대한 새로운 연구로 나타난다. 이는 필연적으로 모국어를 습득하는 과정과 제2언어를 학습하는 것 사이에 어떤 유사성이 있는지의 문제에 대해 고민하게 만들었다. 습득과 학습을 구별하는 것의 유용성은 Lambert(1966)에 의해 강조되었고, 학습에 대한 연구가 습득에 대한 연구로부터 도움을 얻을 수 있다는 가능성은 Carroll(1966)에서 제안되었다.

습득과 학습의 차이점은 분명하지만 그 근거를 설명하는 것은 쉽지 않다. 모국어 학습은 필연적인 반면, 안타깝게도 우리는 제2언어 학습에서는 그러한 필연성이 없다는 것을 알고 있다. 모국어 학습은 어린이의 전체 성장 과정의 한 부분인 반면, 제2언어 학습은 일반적으로 성장 과정이 거의 완료된 후에야 시작된다. 유아는 어떤 명백한 언어 행위 없이 학습이 시작되는 반면, 제2언어 학습자의 경우에는 그러한 명백한 언어 행위가 존재한다. 제1언어를 학습하고자 하는 동기(만일 이 술어를 문맥에서 적절하게 사용할 수 있다면)는 제2언어를 학습하고자 하는 동기와는 꽤 다르다.

실제 조사에서는 제1언어와 제2언어의 이러한 동기상의 명백한 차이들이 제1언어 학습과 제2언어 학습 과정에 대해 아무 것도 암시하지 못하는 것으로 드러난다. 실제로 언어가 어떻게 학습되는지에 대한 가장 널리 퍼진 가설 ─ 행동주의는 제1언어와 제2언어 학습 두 상황에 적용될 수 있을 것으로 여겨진다. 이러한 가설들과 이에 대한 반론들은 충분히 잘 알려져 있는 것으로 이 자리에서 상술할 필요가 없다고 생각한다. 만일 언어 학습에 대한 이러한 가설들이 문제가 있고, 새로운 가설들이 어린이의 언어 학습에 대한 과정을 설명할 수 있게 구성되어 있다면, 이러한 새로운 가설들이 제2언어 학습에도 어느 정도까지 적용될 수 있는지를 보고자 하는 것은 당연한 듯하다.

이러한 새로운 상황 내에서 오류에 대한 연구는 새로운 중요성을 던져주고, 새로운 가설에 대한 검증과 기각에 기여할 것으로 믿는다. 이 가설에 따르면 유아는 언어를 습득할 수 있는 본유적인 자질을 갖고 태어난다. 유아는 언어 습득 과정이 작동하기 위한 언어에 노출되어 있어야만 한다. 유아는 이용할 수 있는 한정된 자료로부터 특정 언어의 문법을 구성할 수 있도록 하는 알려지지 않은 본질의 내적 기제를 가지고 있다. 유아가 어떻게 언어를 습득하는지에 대해서는 알려져 있지 않으며, 이는 현재 언어학자와 심리학자들에 의해 관심 있게 연구되고 있는 분야이다. Miller(1964)는 만일 우리가 어린이의 언어수행을 복제할 수 있는 자동 기계를 만들어 내기를 원한다면, 문법의 다양한 측면을 시험하는 데 있어서의 순서는 어린이가 언어를 습득하는 연속적인 상태를 주의 깊게 분석한 후에야 결정될 수 있다고 지적해 왔다. 그래서 이러한 연구의 첫 번째 단계는 언어 발달 전 과정에 걸친 어린이의 언어에 대한 종단적인 기술이다. 그러한 기술로부터 결국 어린이가 언어를 습득하기 위해 채택한 과정에 대한 밑그림이 개발될 수 있을 것이다(McNeill 1966).

제2언어 습득에 이러한 가설을 적용하는 것은 새로운 것이 아니고, 이미 50년 전에 H. E. Palmer(1917)에 의해 제시된 것이다. Palmer에 따르면 우리는 태어날 때부터 언어를 습득할 수 있는 능력을 부여받았고, 이러한 능력은 제1언어를 습득한 후에도 없어지지 않고 잠재적인 상태로 남아 나중에도 활용될 수 있다. 성인도 외국어를 습득하는 어린이만큼 외국어를 습득할 수 있다고 생각된다. 최근 연구(Lenneberg 1967)에서는 청각장애와 같은 어떠한 이유로 12세 전에 제1언어를 습득하는 데 실패한 어린이는 그 이후에 언어적 행동을 습득할 수 있는 능력을 급속하게 잃어버리는 것으로 보고하고 있다. 물론 이러한 발견이 성공적으로 제1언어를 습득한 사람의 언어 학습 능력이 같은 방식으로 위축된다는 것을 함의하지는 않는다. 그러나 제2언어를 습득하는 과정이 기본적으로 제1언어를 습득하는 과정과는 본질적으로 다르다는 것을 보여주는 것들이 여전히 존재한다.

만일 제1언어 습득과 제2언어 습득의 기제가 동일하다고 한다면, 제2언어 학습자에 의해 채택된 과정 또는 전략은 기본적으로 제1언어의 그것과 같다고 가정할 수 있다. 이 두 과정을 다르게 하는 주요한 요인은 동기의 유무이다. 만일 제1언어 습득이 언어적 행위를 발달시키려는 성향을 달성하는 것이라면, 제2언어 학습은 어떤 다른 것으로 유아의 이러한 성향을 대체하는 것을 필요로 한다. 어떤 다른 것이 무엇인지를 이 장에서 말하는 것은 적절하지 않은 듯하다.

그래서 '주어진 동기'(given motivation)에 대해서 말하기로 하자. 만일 어떠한 사람이 제2언어 자료에 노출된다면, 그 제2언어를 학습하게 되는 것은 당연하다. 언어 태도에 대한 연구에서 동기와 지능이 제2언어를 성취하는 데 중요하게 관련되어 있는 두 요인이라고 밝히고 있는데, 이는 이러한 관점을 어느 정도 지지한다.

그래서 여기서는 제2언어 학습자에 의해 선택된 적어도 몇몇 전략은 본질적으로 제1언어를 습득할 때의 전략과 같다는 작업 가설을 제안한다. 그러나 이 제안이 곧 학습의 과정이나 순서가 두 경우에 같다는 것을 함의하지는 않는다. 우리는 이제 학습자에 의해 만들어진 오류에 대한 고찰로 되돌아 갈 수 있다. 2살 된 어린이가 'This mummy chair'[1]와 같은 발화를 하였다면, 우리는 일반적으로 이를 일탈된 또는 비적형의, 잘못된, 부정확한 것이라고 하지 않는다. 우리는 그것을 어떠한 의미에서도 결코 오류로 여기지 않는다. 오히려 그것은 그 시점에서 유아의 언어 발달 상태에 대한 증거를 제공하는 정상적인 유아의 의사소통으로 여겨진다. 그러한 행동에 대한 우리의 대응은 교실 상황에서 교정이라고 불리는 어떤 것의 특성을 나타낼 것이다. 예컨대 'This mummy chair'라는 발화를 듣고 'Yes, dear, that's Mummy's chair'라고 하는 것처럼, 성인은 어린이의 발화를 성인의 발화로 반복하고 복원하려는 아주 강한 경향을 가지고 있다.

어린이의 모국어 학습이 아주 이른 시기부터 성인의 발화처럼 일탈되지 않고 정확한 형식으로만 이루어질 것이라고 누구도 기대하지 않는다.

---

1) [역자 주] 'This is mummy's chair'를 잘못 표현한 것임. 'mummy'는 '바짝 마른, 또는 생기 없는 사람'이란 뜻으로 주어가 사람일 때 쓰이며, 또는 유아에서 '엄마'라는 의미로 사용되기도 한다. 따라서 'mummy chair'는 정상적인 표현은 아니다.

우리는 어린이의 부정확한 발화를 어린이가 언어 습득 과정에 있다는 증거로 설명한다. 그리고 실제 어린이의 발달 단계의 어느 지점에서의 언어 지식을 기술하고자 하는 사람에게 오류는 중요한 증거이다. Brown & Frazer(1964)에서 지적한 것처럼 어린이가 문장을 구성하는 규칙을 갖고 있다는 가장 좋은 증거는 체계적인 오류의 발생이다. 왜냐하면 어린이가 정확하게 말을 할 때, 그것은 그가 이미 들은 것을 단지 반복하고 있을 가능성이 꽤 높기 때문이다. 우리는 입력이 일어나는 전체 과정을 모르기 때문에, 이러한 가능성을 배제할 수 없다. 이는 어린이가 규칙을 추론하려는 의도를 드러내는 것이라기보다는 언어를 보다 단순한 체계로 바꾼 것이다.

제2언어 학습자의 경우에 우리는 입력에 대한 지식을 가지고 있다고 가정할 수 있는데, 그것은 학습자에게 주어진 입력이 대체로 교사의 통제 안에 있기 때문이다. 그럼에도 불구하고 여기서 입력의 통제(우리가 실러버스라고 부르는 것)에 대한 질적인 요건에 대해 언급하는 것이 필요하다고 생각한다. 어떤 언어적 형식이 교실에서 학습자에게 제시된다는 단순한 사실이 필수적으로 그것이 입력의 자격을 획득하는 것은 아니다. 왜냐하면 입력은 언어적 행위가 일어나는 어떤 것이지 언어적 행위가 일어날 수 있는 어떤 것은 아니기 때문이다. 이러한 입력을 통제하는 것은 학습자 자신 또는 보다 정확히는 학습자의 수용이라고 가정하는 것이 타당하다. 이는 학습자의 언어 습득 기제의 특성으로 결정되는 것이지 실러버스의 특성으로 규정되는 것은 아니다. 결국 모국어 학습 상황에서 입력으로 이용할 수 있는 자료는 상대적으로 방대하지만, 입력 여부를 결정하는 것은 어린이이다.

Ferguson(1966)은 최근에 실러버스들이 인상이나 느낌에 근거한 판단에 기초하거나 이론적인 토대가 없이 모호하게 생각되는 원리에 기초해 있다는 지적을 한 바 있다. 실러버스를 설계할 때 학습자의 요구를 보다 잘 반영해야 한다는 제안은 새로운 것이 아니지만, 학습자 요구 조사를 명확하게 수행해 오지는 못했다. 그것은 아마도 학습자의 요구가 실제로 무엇인지를 결정하는 방법론적 어려움 때문이었던 것으로 보인다. Carroll(1955)은 교사나 사전을 통해 문제를 해결하기 위한 적절한 언어적 대응을 질문함으로써 문제 해결 상황을 개발할 필요가 있다고 제시하였는데, 그때 실러버스가 학습자 요구를 반영해야 한다는 제안을 한 바 있다. 그는 이 제안에는 어린이의 언어 습득 과정에서 일어날 것으로 믿는 어떤 특성들을 포함하고 있다고 지적하였다.

Mager(1961)는 실제 실험을 통해 유사한 제안을 한 적이 있지만, 언어 교수와 연결짓지는 않았다. 그럼에도 그것은 그의 표현으로 직접 인용할 만한 가치가 있다.

어떤 연속적인 기준이 사용되든지 간에 그것은 사용자가 논리적인 연속이라고 생각하는 어떤 것이다. 하지만 비록 어떤 연쇄가 달성될 수 있는 몇몇 책략이 있을지라도, 그리고 비록 일반적으로 효과적인 연쇄란 학습자에게 유의미한 것이라는 점에 동의한다 할지라도, 학습자가 받아들인 정보의 연쇄는 전통적으로 오로지 교수자에 의해 지시된 것이다. 우리가 이미 결정해 놓은 연쇄 가운데 어떤 것의 효율성을 학습자가 극대화하는지를 학습자에게 묻지 않고서는 일반적으로 학습자를 상담하는 데 실패하게 된다.

그는 작은 규모의 실험으로부터 이끌어 낸 결론으로 다음 단계는 학습자가 생성한 연쇄, 즉 학습자의 내재화된 실러버스(built-in syllabus)가 교수자가 생성한 연쇄보다 어떤 면에서 보다 더 능률적인지 아닌지를 결정하는 것이라고 지적하였다. 이러한 지적은 아주 적절한 것으로 보인다. 문제는 그러한 학습자의 내재화된 실러버스라는 것이 존재하는지의 유무를 결정하고 그것을 기술하는 것이다. 그러한 연구를 통해서 학습자 오류에 대한 연구가 앞서 어린이의 언어 습득에 대한 연구에서 했던 역할을 할 것으로 가정할 수 있다. 왜냐하면 앞서 지적했던 것처럼 제1언어 습득과 제2언어 습득에서 핵심적인 생각은 학습자가 언어 발달 단계의 모든 지점에서 불완전한 언어 체계를 사용하고 있으며, 그 불완전한 언어 체계는 성인의 체계도 제2언어의 체계도 아니기 때문이다. 학습자의 오류는 이러한 체계가 존재하고 있다는 증거이며, 이러한 체계는 그 자체로 체계적이다.

물론 무작위적인 오류가 있을 수도 있겠지만, 여기서 '체계적'이라는 용어의 사용은 보다 적절하게는 체계적인 특성을 의미하며, 이러한 체계적인 특성은 쉽게 발견되지는 않는다. 체계적 실수와 비체계적 실수의 구별은 중요하다. 정상적인 성인의 모국어 발화에서 우리는 한 종류 또는 다른 종류의 실수를 지속적으로 범하고 있다는 것을 알고 있다. 최근에 아주 빈번하게 상기되어 온 것처럼 이러한 실수들은 기억의 한계, 피로와 같은 물리적인 상태, 격한 감정과 같은 심리적인 상태 때문이다. 이러한 실수들은 언어수행상에서 일어난 우연한 결과물일 뿐, 이것이 언어능력에 결함이 있음을 나타내는 것은 아니다. 우리는 보통 그러한 실수들이 언제 일어났는지 즉각적으로 알 수 있고, 대체로 완전한 확신을 가지고 수정할 수 있다. 제2언어 학습자는 제1언어 또는 제2언어를 수행할 때 유사한 외적·내적 상태의 지배를 받기 때문에 발화 실수(또는 작문 실수)를 보이지 않을 거라고 기대하는 것은 적절하지 않다. 따라서 발화 실수처럼 우연한 환경에서 발생한 오류와 현재까지의 기저의 언어 지식을 드러내는 —우리가 과도기적 언어능력이라 부를 수 있는— 오류를 구분해야만 한다. 언어수행상의 오류는 비체계적인 데 반해, 언어능력상의 오류는 체계적인 것이 특징이다. Miller(1966)가 지적한 것처럼 실수를 유발하는 규칙들을 기술하는 것은 무의미하다. 따라서 이후부터는 언어수행상의 오류에 대해서는 '실수'(mistake)라는 용어를 사용하고, '오류'(error)라는 용어는 현재까지의 학습자의 언어 지식(과도기적 언어능력)을 재구성할 수 있는 체계적인 오류를 지시하는 것으로 사용한다.

실수는 언어 학습 과정에서 별로 중요하지 않다. 하지만 무엇이 학습자의 실수인지, 그리고 무엇이 학습자의 오류인지를 결정하는 문제는 어려운 일 가운데 하나이며, 오류에 대한 훨씬 더 정교화된 많은 연구와 분석을 필요로 한다.

학습자의 오류는 학습자가 사용하고 있는(학습해 온) 언어의 특정 수준에서의 언어 체계를 보여주는 증거이다. (학습자의 오류는 올바르지는 않지만 학습자가 특정한 체계를 가지고 반복적으로 사용하고 있음에 틀림없다.) 오류는 세 가지 다른 차원에서 중요하다. 첫째, 교수자가 오류를 체계적으로 분석한다면, 교수자에게 오류는 학습자가 목표에 얼마나 나아갔는지를, 그리고 앞으로 무엇을 가르쳐야 할 것인지를 알려주는 역할을 한다. 둘째, 연구자에게 오류는 언어가 어떻게 학습되는지 또는 습득되는지, 그리고 학습자가 언어 습득에서 어떤 전략과 어떤 과정을 채택하고 있는지에 대한 증거를 제공한다. 셋째(어떤 면에서 이는 오류의 가장 중요한 국면이다.), 학습자 자신에게 오류는 필요 불가결하다. 왜냐하면 오류의 생성을 학습자가 언어를 학습하기 위해 사용하는 하나의 장치로 볼 수 있기 때문이다. 오류는 학습자가 자신이 학습하고 있는 언어의 본질에 대한 스스로의 가설을 시험하고 있는 한 방식이다. 오류의 생성은 그 당시에 모국어를 습득하는 어린이와 제2언어 학습자에 의해 채택된 하나의 전략이다.

아래의 대화는 비록 어린이의 언어 습득에 대한 연구에서 기록된 것이긴 하지만, 그것은 제2언어를 가르치는 교실 상황에서 일상적으로 경험하는 대화와 아주 흡사하다.

Mother	Did billy have his egg cut up for him at breakfast?
Child	Yes, I showeds him.
Mother	You what?
Child	I showed him?
Mother	You showed him?
Child	I seed him.
Mother	Ah, you saw him.
Child	Yes, I saw him.

여기 짧막한 대화에서 어린이는 세 개의 가설을 시험하는 것으로 보인다. 하나는 과거시제에서 주어-동사의 일치와 관련된 것이고, 두 번째는 show와 see의 의미, 세 번째는 see의 불규칙 과거시제의 형태와 관련된 것이다. 만일 어린이가 즉시 I saw him이라고 대답했다면, 어린이가 단

순히 전형적인 문장을 따라 한 것인지, 또는 단지 언급된 적이 있는 세 가지 규칙을 이미 배운 것인지 아닌지를 알 수 있는 수단이 없다. 어린이의 발달에 대한 종단적인 연구만이 그러한 질문에 대답할 수 있다. 그리고 어린이를 교정하기 위해 어머니가 사용한 기술을 관찰하는 것 또한 흥미로운 일이다. 하나의 오류에 대해서만 어머니는 정확한 형태 — You saw him — 를 제공하였다. 다른 두 개의 오류에 대해서는 어린이의 발화에 대해 You what?, You showed him?과 같은 형식으로 질문하는 것으로 충분했다. 정확한 형태를 단순히 제시하는 것이 항상 유일한 또는 실제로 가장 효과적인 교정의 형식은 아니다. 왜냐하면 그것은 학습자가 선택 가능한 가설을 시험할 수 있는 길을 방해하기 때문이다. 학습자로 하여금 바른 형식을 발견하게 하는 것은 종종 학습자와 교수자 모두에게 건설적이다. 이는 이미 언급했듯이 Carroll의 중요한 가정이다.

우리는 여기서 정확한 형식의 발화를 학습자가 모국어 화자로부터 그러한 형식을 만들어 내는 체계를 배웠다는 증거로 받아들여질 수 없다는 것을 확인할 수 있다. 왜냐하면 학습자가 이미 들은 발화를 단순히 따라 한 것일 수도 있기 때문이다. 이 경우 그러한 행위는 언어적 행위가 아니라 Spolsky의 용어에 따르면(Spolsky 1966) '언어같은 행위'(language -like behaviour)에 해당한다. 또한 우리는 표면적으로 일탈되지 않은 발화가 곧 학습자가 모국어 화자로부터 그것을 생성해 내는 언어체계를 숙달했다는 증거가 되지는 않는다는 사실을 간과해서는 안 된다. 왜냐하면 정확한 발화는 상황적인 맥락과 의미적으로도 연결되어야 하기 때문이다. 'I want to know the English'라는 문장을 생성한 학습자는 더할 나위 없는 감정을 말한 것일 수도 있지만, 이는 그가 영어를 알고자 하는 소망을 표현한 것에 더 가까울 수도 있다. 상황적인 맥락만이 그의 발화가 오류인지 아닌지를 말해 줄 수 있다.

비록 제1언어와 제2언어의 학습 전략이 같을 수도 있다고 제안되어 왔지만, 그럼에도 불구하고 현 시점에서 이 둘을 구별하는 것이 필요하다. (비록 강력한 근거가 이를 비판하는 방향으로 제시되긴 하지만) 제1언어 학습자는 자신이 학습하고 있는 언어의 본질을 시험할 수 있는 무한한 수의 가설들을 가지고 있다고 가정할 수 있는데 반해, 제2언어 학습자의 과업은 제1언어 학습자에 비해서 보다 단순하다. 단순하다는 의미는 제2언어 학습자가 자신이 시험할 필요가 있다고 여기는 가설이 유일하게 '새로운 언어의 체계가 내가 알고 있는 언어의 체계와 같은가 다른가, 만일 다르다면 무엇이 그 언어의 본질인가'이기 때문이다. 이에 대한 증거는 많은 수의 오류들(결코 모두는 아니지만)이 학습자의 모국어 체계와 관련되어 있다는 사실이다. 이러한 오류들은 제2언어 학습자의 모국어 습관으로부터의 간섭에 의한 것이다. 새로운 가설들이라는 관점에서 볼 때, 그러한 오류들은 모국어의 오래된 습관의 지속이라기보다는 오히려 학습자가 새로운 언어 체계를 탐구하고 있다는 신호로 여기는 것이 타당하다. Saport(1966)는 이러한 관점을 분명히 했다. 학습자의 언어 습득 장치의 내적 구조는, 그것의 구성 요소 가운데 하나가 학습자의 모국어 문법이라는 것 외에는 아직 탐구된 바가 없다. 일반적으로 언어 습득 장치의 구성 요소의 효력은 활성화되기보다는 억제되는 것으로 가정되어 왔다. 하지만 학습자의 모국어에 대한 지식은 활성화되는 것이 맞고, 따라서 오류는 억제의 신호가 아니라 학습자의 학습 전략의 증거로 보는 것이 옳을 것이다.

우리는 정말이지 언어를 가르칠 수 없으며, 단지 우리는 자발적으로 마음 속에서 언어가 계발될 수 있는 상태를 창조할 수 있을 뿐이라는 훔볼트의 진술을 상기해 왔다. 우리는 학습자가 학습하는 방식에 대해, 그리고 학습자 스스로 구성한 실러버스가 무엇인지에 대해 더 많은 것을 배우기 전까지는 결코 그러한 적절한 상태를 창조할 수 있는 능력이 우리들에게 있는지를 증명할 수 없을 것이다. 이러한 적절한 상태를 알게 될 때, 우리는 우리가 소중히 여기는 개념들에 대한 보다 깊은 정밀화를 시작할 수 있을 것이다(그리고 만일 체계적으로 학습자의 오류가 연구된다면, 학습자 오류는 우리에게 이것에 대해 무엇인가를 말해 줄 것이다.). 그리고 그럴 때 우리는 우리의 실제 언어를 수행하게 하는 학습자의 내재된 전략을 인정할 수 있고, 우리의 실러버스를 결정할 수 있다. 또한 어떻게 학습해야 하고, 무엇을 학습해야 하고, 언제 그것을 학습해야 하는지에 대한 우리의 예상을 학습자에게 부과하기보다는 학습자의 요구를 우리 자신에게 적용하는 것을 배울 수 있다.

02

개별방언(Idiosyncratic dialects)과 오류 분석

 '오류 분석'은 제2언어 학습자의 언어에 대한 관찰과 밀접하게 관련되어 있다. 이 장에서는 제2언어 학습자 또는 특정 학습자 집단의 언어를 특별한 종류의 방언이라고 보는 관점에 대해 이야기하게 될 것이다. 이는 두 가지 고찰에 기초한 것이다. 첫째, 어떤 의사소통을 하기 위해 화자에 의해 의도된 임의의 발화는 체계적이고, 규칙적이고, 결과적으로 규칙들의 조합에 의해 원리적으로 기술될 수 있다는 점에서 유의미하다. 제2언어 학습자의 임의의 발화도 언어이고, 문법을 갖고 있다. 둘째, 제2언어 학습자에 의해 만들어진 많은 수의 문장들은 목표어의 문장들과 형태적으로 동일하고, 또한 동일하게 해석된다. 따라서 적어도 제2언어 학습자의 언어를 설명하기 위해 필요한 일부 규칙들은 목표어를 설명하기 위해 요구되는 규칙들과 같을 것이다. 문법의 일부 규칙을 공유하는 두 언어가 방언이라는 언어학적인 관점에서 볼 때 제2언어 학습자의 언어 역시 일종의 방언이다.

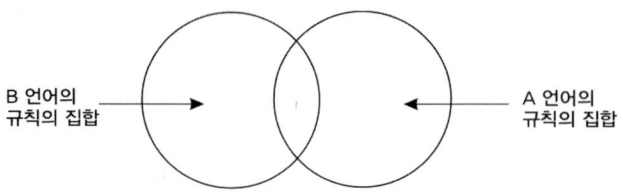

A언어와 B언어는 방언 관계에 있다. (이 자리에서 모든 언어가 이러한 관계에 놓여 있는 것으로 간주될 수 있는지 여부에 대해서는 관여하지 않는다.)

물론 방언의 지위를 설정하기 위해 대개는 소쉬르 학파에서 말하는 랑그를 구성하고 있는 한 사회 집단의 공유된 행동 양식 같은, 좀 더 비언어적인 기준을 언어에 적용하기도 한다. 이러한 의미에서 보면 학습자의 언어는 방언일 수도 있고 방언이 아닐 수도 있다. 이 점에 대해서는 나중에 다시 언급하기로 하겠다. 하지만 당분간 사회 집단의 언어로서의 방언(이를 사회방언이라 부르고자 한다.)과 사회 집단의 언어가 아닌 방언(이를 개별방언이라 부르고자 한다.)을 구분할 것이다. 따라서 후자를 방언이라고 부르는 것의 정당성은 언어적인 것이지 사회적인 것은 아니다. 여기서 말하는 방언이 이미 개인방언(idiolects)이라는 이름으로 적절히 규정되어 있다고도 말할 수 있다. 나는 개별방언은 개인방언이 아님을 강조하고자 한다. 개인방언은 개인적인 언어이지만, 언어적으로 그러한 개인방언을 설명하기 위해 요구되는 모든 규칙들이 하나의 사회방언, 또는 여타의 다른 사회방언의 규칙들의 조합 어디에선가는 발견되는 특징을 갖고 있다. 개인방언은 몇몇 종류의 방언들의 혼합으로 불려질 수 있다.

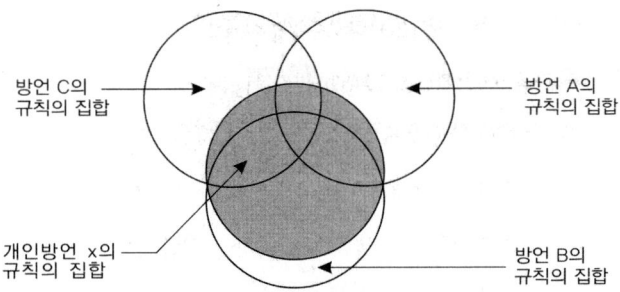

위 도식에서 개인방언 X는 세 개의 사회방언과 겹치는 부분으로부터 도출된 규칙들을 포함하고 있지만, 이 세 방언에 존재하지 않는 어떤 규칙도 포함하지 않는다. 만일 이 세 개의 사회방언이 모두 언어 D에 포함된다면, 통상적인 의미에서 그때 개인방언은 언어 D의 한 방언이다.

이러한 상황은 개별방언의 경우에는 다르다. 개별방언의 경우, 그 방언을 해석하기 위해 요구되는 규칙들 가운데 일부는 해당 사회방언의 규칙의 집합에 포함되지 않는다. 이러한 규칙들은 그 화자의 언어에서 독특한 것이다.

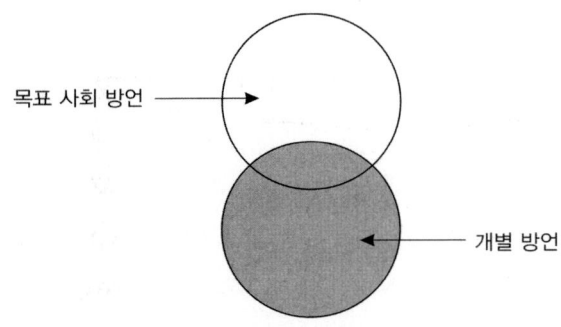

모든 개별방언들은 일반적으로 각각의 개별방언을 해석하기 위해 요구되는 규칙들 가운데 일부가 개인별로 특이하다는 특성을 가진다. 물론 일부 개별방언에서 나타나는 문장들은 쉽게 해석되지 않는 결과를 야기하기도 한다. 왜냐하면 문장을 해석하는 능력은 부분적으로 그러한 문장의 밑바탕에 깔린 관습적 지식에 의존하기 때문이다. 개인방언의 경우에는 화자와 관습을 공유하는 사회적 그룹의 구성원들이 어디엔가는 있기 때문에 개인방언의 문장은 개별방언과 동일한 해석의 문제를 보이지 않는다.

개별방언의 본질적인 특성은 대체로 안정적이지 않다는 것이다. 그 이유는 명확하다. 발화의 목적은 보통 의사소통, 다시 말해 (청자에게) 이해되기 위한 것이다. 만일 부분적으로만 이해된다면, 그때 화자는 가능하다면 사회 집단의 관습과 자신의 행동을 일치시키려는 동기를 갖는다. 이러한 불안정성은 언어학자가 개별방언을 기술할 때 겪게 되는 어려운 부분을 설명해 준다. 즉 기술된 자료가 단편적이게 된다. 이것은 투사된 문법을 구성하기 위해 필요한 일반적인 검증 과정이 쉽게 사용될 수 없다는 것을 의미한다.

언어학자가 겪는 또 다른 어려움은 해당 방언의 일부 문장의 해석에 대한 것이다. 해석되지 않은 상태에서 분석이 시작될 수 없는 것은 당연하다.

단지 제2언어 학습자의 언어가 개별방언의 유일한 유형은 아니다. '오류 분석'은 단지 제2언어 학습자의 언어에만 적용될 수 있는 것은 아니다. 개별방언의 한 유형은 시적인 언어인데, 이러한 언어는 사회방언의 규칙들에 의해서는 온전히 설명될 수 없다. Thorne(1965)은 영문법에 어긋나는 연쇄를 담고 있는 Cumming의 시 "Anyone lived in a pretty how town"과 같은 문장이 주어진다면, 그것은 표준 영어와는 다른 언어, 또는 다른 방언의 예로 간주된다는 것을 보다 분명하게 밝힐 수 있다고 말한다.

만일 해석의 어려움 때문만이라면, 이 시의 언어가 특이하다는 것은 분명하다. 이 시의 언어에 대한 분석에서 Thorne의 접근은 본질적으로 '오류 분석', 이중언어 비교와 같은 유형의 접근이라는 점에서 중요하다. 다시 말해 그는 이 시와 가장 밀접하게 관련된 사회방언 — 이 경우에는 표준 영어 — 을 해석하기 위해 그가 사용하는 통사적 모델의 관점에서 특이한 문장을 해석할 수 있는 규칙들을 발견하려고 시도할 것이다.

시적인 텍스트에서 나타나는 특이한 문장들은 아마 의도적인 일탈로 정당하게 불려질 수 있다. 왜냐하면 저자는 표준 방언의 규범을 알고는 있지만, 아마 그러한 규범을 따르지 않는 쪽을 선택한 것이기 때문이다 (Katz 1964 참조). 시인의 일탈은 동기화된 것이다. 이는 시험(일탈적인 표현)을 해석하기 위한 능력이, 관련된 표준 방언의 의미 구조에 대한 지식에 의존한다는 것을 의미한다. 이러한 의미에서 시적인 방언은 표준 방언에 의존적이다.

생각해 볼 수 있는 또 다른 개별방언의 유형은 실어증 환자의 발화이다. 이 또한 불안정한 방언이지만, 언어학자에게 동일한 해석의 문제를 제시한다. 하지만 실어증 환자의 특이한 문장들을 일탈형이라고 부르는 것이 타당한지 아닌지는 분명하지 않다. 우리는 실어증이 발병하기 전에는 그도 어떤 사회방언의 화자였다는 것을 가정해야만 한다. 하지만 실어증 환자의 경우 의도적인 일탈이라고 말할 수는 없다. 그리고 어떤 의미에서는 그가 여전히 해당 방언의 규칙들을 알고 있다고 말할 수 있는지를 알기 어렵다.

아마도 우리는 실어증 환자의 특이한 문장을 병리적인 일탈(pathologically deviant)이라고 임시로 규정할 수 있다.

세 번째 유형의 개별방언은 자신의 모국어를 배우는 유아의 언어이다. 이 역시 위의 두 유형(시적인 언어, 실어증 환자의 발화)의 어느 것보다도 아마 훨씬 더 해석하기 어려운 형식이 많다는 점에서 해석의 전형적인 어려움을 보인다. 나는 교정에 대해서는 열려 있지만, 어린이의 언어 기술을 아주 어렵게 하는 단일 요인은 어린이의 발화에 대해 적절한 설명(정확한 설명은 말할 것도 없고)을 하는 것이라고 생각한다. 이 개별방언 또한 분명히 불안정하다.

네 번째 유형의 개별방언은 제2언어 학습자의 언어이다. 일반적으로 개별방언에 대해 말해 온 모든 것이 제2언어 학습자에게 적용된다. 그것은 규칙적이고, 체계적이고, 유의미하다. 즉 제2언어 학습자의 언어는 문법을 갖고 있고, 원리적으로 규칙의 조합으로 기술될 수 있다. 몇몇 규칙의 부분집합은 목표 사회방언 규칙의 부분집합이다. 제2언어 학습자의 방언은 불안정하고, 우리가 알고 있는 한 그것의 규약은 사회 집단에 의해 공유되지 않는다는 점에서 랑그(langue)는 아니며(뒤에서 이 문제로 되돌아올 것이다.), 마지막으로 많은 문장들이 목표 방언의 원어민 화자(native speaker)에게 해석의 어려움을 보인다. Selinker (1972)는 이러한 유형의 개별방언에 대해 중간언어(interlanguage)라는 이름을 제안하였다. '중간언어'는 규칙들이 두 사회방언의 언어적 특성을 모두 보여

주는 — 이 언어들이 규칙들을 공유하든지 말든지 — 방언이라는 의미를
내포하고 있다. 이는 열려 있는 문제이며, 언어 보편성의 문제와도 관련
되어 있다.

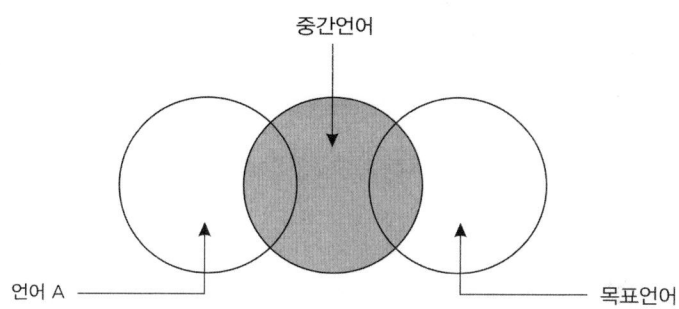

또 다른 이름으로 전이적 방언(transitional dialect)이라고도 하는데,
이는 이들 방언의 불안정한 특성을 강조한 것이다.

나는 시적인 방언의 특이한 문장들을 의도적인 일탈로 부르는 것이
타당하다고 제안하였다. 왜냐하면 시인은 사회방언의 규약들을 알고 있
다고 생각되며, 그는 의도적으로 그러한 사회방언의 규약들을 따르지
않은 것이기 때문이다. 유사하게 실어증 환자의 특이한 문장들도 병리적
인 일탈로 불려질 수 있다고 제안하였다. 그도 병을 앓기 전에는 아마
어떤 사회방언의 화자였기 때문이다. 하지만 어린이의 특이한 문장들을
일탈이라고 말할 수는 없다. 왜냐하면 어린이는 당연히 아직 사회방언의
화자가 아니기 때문이다. 그리고 실제 어린이의 문장들을 일탈되었다거
나 틀렸다거나 또는 비문법적이라고 부르는 것은 통상적인 것은 아니다
(그가 학교에 다닐 때 까지는). 정확히 같은 이유로 제2언어 학습자의
특이한 문장들을 일탈되었다고 하는 것은 잘못이라고 제안한다. 또한

그것들을 잘못되었다고 부르는 것은 어린이의 문장을 잘못되었다고 부르는 것과 마찬가지로 바람직하지 않다고 생각한다. 왜냐하면 이는 어떤 의미에서 알고 있어야 하는 규칙들의 의도적인 또는 부주의한 파괴라는 의미를 내포하고 있기 때문이다. 그런데 제2언어 학습자는 목표 방언 규칙을 알고 있지 못하기 때문에 제2언어 학습자의 문장을 특이한 문장이라고 보는 것은 당연하다.

어떤 사람의 발화에서 누가 봐도 틀렸다고 할 수 있는 문장들은 언어 수행의 실패로 일어난 것들이다. 이러한 문장들은 종종 혀 꼬부라짐, 잘못된 시작(false starts), 심리적인 변화 등으로 불려지는 것들을 담고 있다. Hockett(1948)은 이를 '우연한 실수'(lapses)라고 하였다. 이들 문장은 기억상에서의 실수에 의한 결과일 수도 있다. 영어에서 전형적인 예는 'That is the problem which I don't know how to solve it'(Reibel 1969)이다. 흥미롭게도 이러한 오류 문장들은 보통 해석의 어려움을 보이지 않는다. 내가 생각하기에 이 원인은 어떤 사회방언에서는 실수를 유발하기 위한 규칙들이 있을 수 있다는 것이다. 분명 이 부분은 연구가 필요한 분야이다(Boomer and Laver 1968). 하지만 우리는 아직 오류 문장들의 규칙성을 설명하기 위해 다섯 가지 유형의 개별방언을 체계적으로 조직화할 만한 위치에 있지 않다. 오류로 보이는 문장들에 관해 주목할 만한 것은 그것들이 대개 화자 스스로에 의해 쉽게 수정되거나 또는 수정될 수 있다는 것이다. 이는 오류로 보이는 문장들을 규정하는 하나의 기준이 될 수 있다. 물론 이는 제2언어 학습자의 문장들에도 적용될 수 있다. 오류로 보이는 문장은 알고 있는 규칙의 적용을 실패한 경우라는 점에서 특이한(idiasycratic) 문장과는 구별된다. 특이한 문장은 언어 수행 상에서 실패를 포함하고 있지 않으며, 학습자에 의해서 교정될 수 없다. 왜냐하면 학습자는 그들이 알고 있는 전이적 방언의 규칙을 적용하였기 때문이다.

제2언어 학습자의 특이한 문장들을 단순히 언어수행상의 실패의 결과라고, 다시 말해 목표어의 규칙들을 알고는 있지만 어떠한 이유로 규칙을 적용하는 데 실패한 또는 적용하는 것을 선택하지 못한 것이라고 가정하는 실수를 하지 않을 때 오류나 교정에 대해 말할 수 있다.

오류, 일탈 또는 비적형 등의 용어를 반대하는 주된 이유는 그것들이 모두 특이성에 대한 해석을 성급하게 내리고 있기 때문이다. 학습자의 언어를 연구하는 주요한 이유 중의 하나는 왜 학습자의 언어가 그러한가를 밝히기 위한 것이다. 즉 정확히 학습자의 언어를 설명하기 위한 것이며, 궁극적으로는 학습 과정에 대해 무엇인가를 말하기 위한 것이다. 만일 학습자의 문장이 일탈되었다거나 오류라고 한다면, 그것은 기술하기에 앞서 이미 어떠한 설명을 내포하고 있는 것이다.

학습자의 특이한 문장을 비문법적이라고 부르지 않는 훨씬 더 강력한 이유가 있다. 학습자의 특이한 문장이 목표방언의 규칙에 의해 설명될 수 없는 것은 사실이지만, 그것들은 사실 학습자의 언어에서는 문법적이기 때문이다.

지금까지 확인했던 개별방언들은 그것을 설명하기 위해 필요한 일부 규칙들이 어떠한 사회방언의 규칙들 가운데 하나가 아니라는 점에서 사회방언과는 다르다. 개별방언의 규칙들은 사실 특이한 규칙들로 사회구성원들에게 공유된 규칙이 아니다. 이러한 개별방언들은 그 규약들이 사회학자들의 기준에 따라 증명될 수 있는 어떤 사회집단에 의해 공유되지 않는다는 점에서 랑그는 아니다. 하지만 그럼에도 불구하고 개별방언은 어떤 개인에게만 유일한 것이 아니라 유사한 문화적 배경이나 목표, 유사한 언어 역사를 가지고 있는 다른 누군가와 공유되는 것이 가능하다. '시적인 언어'(poetic language) 또는 '시적인 방언'(poetic dialect)처럼 오로지 시에서만 발견되는 어떤 자질을 갖고 있는 방언을 지칭하는 용어들도 있다. 그러한 방언은 시라는 사회공동체의 랑그의 한 부분이며, 그 사회공동체에서는 해석에 아무런 어려움을 겪지 않는다. 'And hearkened as I whistled the trampling team beside'와 같은 문장은 현대 영어에서 시에서의 독특한 문장이지만, 모든 영어 화자에게 받아들여지는 규약에 의해 설명될 수 있다. 하지만 Cumming의 시 'Up to so many bell…'에서는 그렇지 않다. 이는 영어의 시적 방언의 한 부분이 아니며, 해석하기가 어렵다. 그것을 설명하는 규칙들이 또 다른 시의 어떤 시적 발화를 설명할 수 있는지는 의심스럽다. 그것은 완전히 특이한 것이다.

내가 생각하기에 이는 다른 세 유형의 개별방언의 경우에는 상황이 다르다. 실어증 환자의 발화는 사회학적인 의미에서 하나의 사회집단을 형성하지 않는다. 그리고 아직 실어증 환자의 발화의 특이성이 하나의 영역으로 분류될 수 있다고 제안할 강력한 증거가 없다(Jacobsom 1956). 실어증 환자의 발화를 분류하는 일반적 진술이 가능하다고 믿지 않는다면, 아무도 실어증 환자의 발화를 기술하려고 시도하지 않을 것이다. 그러한 연구의 대상은 의학적인 신호, 징후, 병력과 실어증 환자 발화의 특이성을 설명하는 데 필요한 규칙들 간의 관계를 찾는 것이다.

평행하게 어떠한 방언 환경에 있는 모든 어린이가 다소간 유사한 발달 과정을 따른다고 믿을 근거가 없다면, 아무도 어린이의 언어 습득에 대한 연구를 수행하려 하지 않을 것이다. 그리고 궁극적으로 세 살 어린이의 발화를 설명하는 데 도움을 줄 것으로 기대되지 않는다면, 세 살 어린이의 발화를 기술하는 것이 아무런 의미가 없다. 그래서 특정 언어 환경에서 모든 세 살 어린이의 언어는 일반적인 특성을 가질 것이라는 기본적인 가정이 있다.

세 살 어린이의 언어 상황이 제2언어 학습자의 경우와 유사하다고 할 수 있는가?

같은 모국어를 가지고 있고 제2언어 학습 경험이 같은 학습자 집단이 학습 경력의 어느 지점에서 어느 정도 비슷한 중간언어를 말하고 있고, 집단 내의 차이들은 지적 능력, 동기, 태도에 기인한다는 가정 하에서 교사가 가르치고 있는 경우에는 그렇다. 이러한 믿음은 '개인'(individual)에 대립되는 '교실수업'(teaching a class)이라는 개념 안에 내재되어 있다. 그러나 실제 어떤 사람이 어떻게 향상될 수 있었는지를 보는 것은 어렵다.

그러한 학습자가 모두 제2언어를 학습하는 데 있어서 비슷한 발달 과정을 겪는다고 가정할 수 있는가? 우리는 분명 학습자들의 발달 과정을 보기 위하여 할 수 있는 모든 것을 한다. 그것은 교수요목(syllabus)을 작성하기 위해서이다. 교수요목은 학습자가 따르는 학습 과정의 지도(map)이다. 하지만 만일 학습자가 자신의 길을 선택할 수 있다고 가정한다면, 우리가 그를 위해 안내해 준 길을 따른다고 가정할 수 있는가? 아무도 찾아보려고 시도한 적이 없기 때문에 우리는 알지 못한다. 우리는 일반적으로 교실 상황 밖에서 제2언어를 배우는 개인 학습자의 발달에 대한 정보가 부족하며, 실제 그러한 학습이 어떻게 이루어지는지 그려보는 것도 어렵다. 하지만 한 가지는 분명하다. 제2언어 학습자의 언어 발달에 대한 종단적인 연구는 오류 분석의 기술에 상당 부분 의존한다는 것이다. 그것은 유아의 모국어 학습에 대한 종단적인 연구가 유아의 특이한 문장에 대한 분석에 의존하는 것과 같다(Brown and Frazer 1964). 무엇보다 교실 수업을 받지 않고 자율적으로 학습하는 제2언어 학습자에 대한 종단적인 연구를 시행하기 전까지는, 사람들이 제2언어를 어떻게 습득하는지를 찾아내는 데 큰 진척이 없을 것이다.

이제 내가 개별방언이라고 불렀던 것을 기술하는 방법론, 그리고 부분적으로는 오류 분석이라고 불리는 것에 대한 일반적인 고찰로 되돌아가 보자. 앞서 나는 이러한 방법론이 제2언어 학습자의 방언에만 적용될 수 있는 유일한 것이 아니라 모든 개별방언에도 적용된다고 제안한 바 있다.

소쉬르의 관점에서 개별방언은 하나의 랑그이다. 따라서 명시적으로 특이한 문장들에만 초점을 맞추는 것은 방법론적인 실수이다. 표면적으로 하나의 사회방언(학습자에게는 목표방언)의 관점에서 적형의 문장들도 명시적으로 특이한 문장들만큼이나 중요하다. 그것들 또한 우리들에게 학습자가 무엇을 알고 있는지에 대해 말해 준다. 게다가 내가 위에서 제안했던 것처럼 적형의 형태에 부여되는 가치는 학습자의 전체 방언 체계에 의해서만 발견될 수 있다. 그래서 예컨대 적형의 복수 또는 확실히 적절한 정관사의 사용은 학습자의 부적격한 복수 또는 다른 한정사의 사용과의 관련 속에서만 이해될 수 있다.

이는 모든 학습자의 문장이 원리적으로 분석되어야 함을 의미한다. 이는 명백히 적형인 학습자의 문장이 목표 방언의 규칙들이 적용된 것과 다른 도출 과정을 가질 수 있기 때문에 훨씬 더 필요하다. 그래서 'After an hour it was stopped'라는 문장의 경우에 문맥에서 it가 the wind를 가리키고 그래서 목표 방언에서 해석이 다르게 될 때, 그리고 실제로 목표어로의 번역이 'After an hour it stopped'일 때 특이한 것으로 간주될 수 있다. 유사한 예가 시적인 방언에서 'Anyone lived in a pretty how town'이다. 이는 통사적으로 'Someone lived in a pretty old town'이 아니라 'John lived in a pretty old town'과 평행하다. Anyone은 시적인 방언에서 하나의 적절한 이름이지 부정대명사가 아니다. 그리고 how는 형용사이지 의문부사가 아니다.

그래서 오류 분석의 첫 번째 단계는 특이성을 인식하는 것이다. 우리는 "모든 문장은 달리 보여질 때까지는 특이한 것으로 간주된다."는 일반적인 법칙을 선언할 수 있다. 내가 제안해 온 것처럼, 학습자의 문장은 표면적으로 적형일 수 있지만 그럼에도 특이하다. 이러한 문장들을 잠재적으로(covertly) 특이하다고 부를 것이다. 물론 그것들은 목표어의 규칙들로 미루어 보아 표면적으로 비적형인 경우에 명시적으로 특이할 수도 있고 그렇지 않을 수도 있다. 만일 문맥에서 정상적인 해석이 허용될 수 있다면, 그때 그 문장은 당장의 목적에서는 특이하지 않다. 하지만 만일 그 문장이 표면적으로는 목표어의 규칙들로 이루어진 적형의 것으로 보이지만 그럼에도 불구하고 문맥에서 정상적인 것으로 해석될 수 없다면, 그때 그 문장은 잠재적으로 특이한 것이며 문맥에 비추어 적절한 해석이 주어져야만 한다. 그때 우리는 원문장(original sentence)(제2

언어 학습자가 말한 문장)을 재구조화된 문장이라고 부르는 것과 비교해야 한다. 쉽게 말해서, 재구조화된 문장은 목표어의 원어 화자가 그 문맥에서 그러한 의미를 표현하기 위해 말할 것으로 기대되는 — 번역과 평행한 — 것이다.

또 다른 가능성으로 문장이 명시적으로 특이한 경우를 생각해 보자. 다시 말해 목표어의 규칙들에 비추어 표면적으로 비적형인 경우이다. 그때 우리는 해당 문맥에서 그 문장에 대해 그럴듯하게 해석할 수 있는지를 물어 보아야만 한다. 만일 적절하고 그럴듯한 해석이 가능할 수 있다면, 우리는 적형의 재구조화된 문장과 원문장을 비교할 수 있는 단계로 나아갈 수 있다. 만일 명시적으로 특이한 문장에 대해 그럴듯하게 설명할 수 없다면, 그때 문제는 더 커진다. 어떡해서든지 우리는 적절한 설명을 시도해야만 한다. 먼저 학습자의 모국어에 대한 언급을 통해 그러한 설명에 도달할 수 있는지의 여부를 생각해 볼 수 있다. 만일 모국어를 모른다면, 그때 그 문장에 대한 분석은 학습자의 개별방언에 대해 보다 많은 것을 학습할 때까지 일시적 중지 상태로 남아 있게 된다. 하지만 만일 모국어를 알고 있다면, 문자적 번역 과정을 통해 그 문장을 그럴듯하게 설명할 수 있는 수단을 얻게 된다. 모국어 문장으로 번역해서 목표어의 적형의 문장으로 되돌릴 수 있으면, 학습자의 원문장과 비교할 수 있는 재구조화된 문장을 활용할 수 있다.

특이성을 확인하고 재구조화된 문장을 만드는 과정의 종착점은 두 개의 문장 — 특이한 문장과 적형의 문장이다. 정의에 의하면 이 두 문장은 동일한 의미를 가지고 있어야 한다.

내가 아래에서 제시한 도식이 이상적이라고 말할 필요는 없다. 알고리즘의 모든 결정 지점에서 단정적인 yes/no 대답은 쉽게 만들어질 수 있는 것은 아니다. 도식의 첫 번째 단계 자체가 적형성에 대한 허용 가능성이라는 측면에서 문제가 있다(Lyons 1968).

개별방언을 기술하기 위한 자료 수집 알고리즘

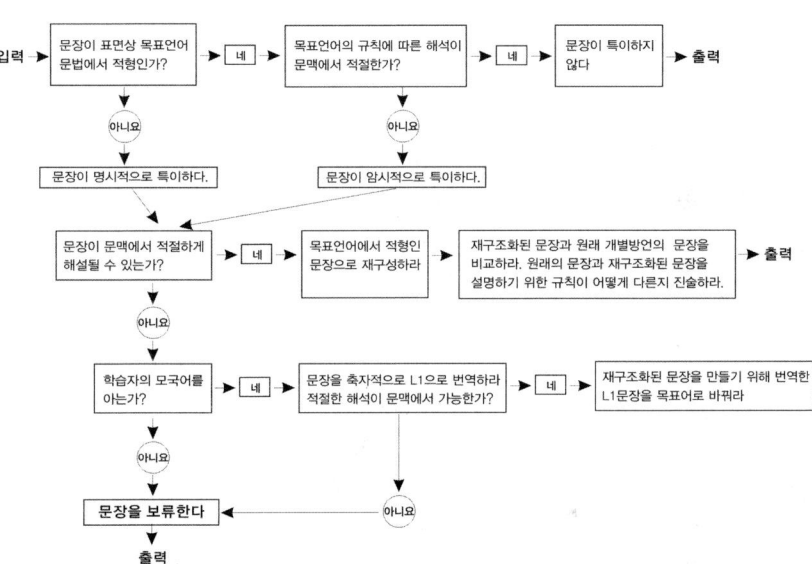

하지만 보다 중요한 것은 설명의 문제이다. 해석이 그럴듯하게 되었는지 우리가 어떻게 확신할 수 있는가? 흔히 두 가지의 적절한 해석이 있을 수 있다. He didn't know the word so he asked a dictionary처럼 명시적으로 특이한 문장을 예로 들어 보자. 문맥에서 He asked for a dictionary에 대한 해석은 아마 He consulted a dictionary일 것이다. 주어진 문맥에서 하나의 설명을 다른 설명보다 더 그럴듯하게 만드는 어떠한 요인이 항상 있는 것은 아니다. 만일 학습자의 모국어를 알고 있다면, 모국어에 의존할 수 있다. 하지만 내가 생각하기에 교실 안에서보다는 교실 밖에서 문제가 더 잘 보인다는 점을 지적하는 것은 가치가 있다. 교사는 분명 자신이 가르치고 있는 교실의 개별방언을 배우며, 항상 학습자에게 학습자의 모국어로 권위 있는 설명을 요구할 수 있다.

학습자의 모국어에 대한 의존은(학습자가 없을 시에) 사실 거의 직관적인 과정이며, 또한 관찰자가 가지고 있는 해당 방언에 대한 지식 정도에 의존한다. 게다가 학습자의 방언이 가지는 특이성의 본질이 단지 학습자의 모국어로 설명될 수 있다고 가정할 수 없다. 학습자 방언의 특이성의 본질은 학습자가 무엇을 어떻게 배웠는지와 관련되어 있을 수 있다. 이러한 점에서 교사가 학습자의 특이성이 자신들이 무엇을 가르쳤는지 아닌지에 대한 언급으로 설명될 수 있다는 것을 인정하고 싶어 하지 않는다 하더라도, 교사는 특이한 문장을 설명하는 데 있어 권위 있는 위치에 있다.

우리는 이제 학습자의 개별방언을 설명하기 위한 두 번째 단계에 도달하였다. 만일 첫 번째 단계가 성공적으로 완료되었다면, 첫 번째 단계는 우리에게 동일한 의미를 가진 문장쌍의 세트에 대한 자료를 제공하거나 또는 다른 방식 — 학습자의 방언과 목표방언 간에 번역에 상당하는 문장 — 을 제공한다. 이는 기술의 기초가 되는 자료이다. 두 말할 필요 없이 기술 방법론은 기본적으로 이중언어의 비교이다. 여기에서 두 언어는 범주와 관계라는 일반적인 조합에 의해, 다시 말해 동일한 형식적인 모델에 의해 기술된다. 이러한 방식에 대한 기술적인 문제는 잘 알려져 있으므로, 나는 여기에서 그것들에 대해 언급하는 것을 원하지 않으며, 필요하지도 않다고 생각한다.

세 번째 단계이면서 또한 오류 분석의 궁극적인 목적은 설명이다. 앞선 두 단계가 언어학적이었다면, 세 번째 단계는 학습자의 개별방언이 어떻게 그리고 왜 그러한 모습을 갖게 되었는지를 설명하고자 한다는 점에서 심리언어학적이다. 만일 오류 분석이 다음의 두 가지 목표 중에 하나 이상의 목표에 기여하지 못한다면, 오류 분석에 참여할 아무런 이유가 없다는 것에 우리 모두 동의해야만 한다. 그 첫째는 학습자가 제2언어를 공부할 때 무엇을 어떻게 배우는지를 밝히는 것이다. 이는 이론적인 목표이다. 둘째는 교육적인 목적을 위해 학습자의 방언에 대한 우리의 지식을 이용함으로써 학습자가 보다 효율적으로 학습할 수 있도록 적용하는 방법을 밝히는 것이다. 둘째 목표는 분명 첫째 목표에 의존되어 있다. 제2언어 학습이 어떻게 왜 일어나는지를 이해하지 못한다면, 학습자의 특이한 문장들에서 교수법을 개선할 수 있는 어떤 원리화된 도구를 만들 수 없다.

제2언어 학습자의 많은 특이한 문장들 — 하지만 필수적으로 모든 문장들은 아니다 — 은 학습자의 모국어 문장들과 얼마간의 규칙적인 관계를 갖고 있다는 것은 일반적으로 받아들여지는 관찰이다.

이는 논쟁의 여지가 없는 현상이다. 이러한 현상에 대한 설명은 토론의 대상으로 열려 있다. 하나의 설명은 학습자가 모국어의 습관을 제2언어로 옮긴다는 것이다. 이는 간섭(interference)으로 불려진다. 이 용어가 함의하고 있는 것은 단지 학습자의 모국어에서의 습관이 제2언어에 대한 습관을 습득하는 것을 어떠한 방식으로든 막는다는 것뿐이다. 분명 이러한 설명은 언어를 습관 구조의 한 종류로 보는 관점과 관련되어 있다.

다른 설명은 언어 학습이 자료-처리(data processing)와 인지 유형의 가설-형성(hypothesis-forming) 활동의 한 종류로 보는 것이다. 이러한 관점에 따르면, 제2언어 학습자의 특이한 문장들은 잘못된 가설의 신호이다. 직접적 관찰이나 교사에 의한 진술, 예컨대 교정과 예시에 의해 보다 많은 자료가 이용될 수 있고 처리될 때, 학습자는 목표어의 사실과 일치하도록 가설을 보다 많이 재형성할 수 있다(Hockett 1948).

최근 몇 십 년 동안 가장 널리 보급되어 온 학습의 습관 형성 이론을 고수하는 사람들이 학습자의 특이한 문장들에 대한 연구에 특별한 관심을 기울지 않은 것은 놀라운 일이 아니다. 학습자의 특이한 문장들은 목표어에 대한 정확한 자동적 습관이 아직 습득되지 않았다는 증거이다. 이에 대한 근절은 정확한 형식으로 보다 강력하게 훈련하는 문제였다. 오류의 본질이 무엇인지는 부차적으로 중요한 문제였다. 왜냐하면 오류는 학습 과정에 대해 어떠한 흥미로운 빛도 던져주지 않았기 때문이다. 오류는 학습 과업이 아직 완전하지 않다는 것을 가리키고 있다는 것으로 충분하였다. 이론적으로 만일 교수 과정이 완벽하였다면, 어떠한 오류도 일어나지 않았을 것이기 때문이다.

선택 가능한 또 다른 관점은 오류를 만드는 것이 필연적이고, 실제로 학습 과정에서 필수적인 부분이라고 보는 것이다. 오류에 대한 교정은 엄밀히 말해 학습자가 정확한 개념이나 규칙을 찾는 데에 필요한 부정적 증거를 제공한다. 결과적으로 특이한 문장에 대한 보다 나은 기술은 직접적으로 학습자가 자신의 학습 경력의 어느 시점에서 무엇을 알고 있고 무엇을 모르는지에 대한 설명을 제공하는 데 기여한다. 그리고 궁극적으로는 교사는 학습자에게 학습자의 가정이 틀렸다는 정보뿐만 아니라, 더 중요한 것은 학습자가 목표어의 규칙에 대한 보다 적절한 개념을 형성하기 위한 정확한 정보 또는 자료를 제공할 수 있도록 해야 한다.

그래서 내가 생각하기에, 현재 오류 분석에 대해 관심이 증대되는 것과 언어 학습의 습관-형성 이론에 대한 몇 가지 선택 가능한 가설을 만드는 데에 관심이 증대되는 것이 동시에 일어나고 있다고 하는데, 그것이 진정한 동시 발생은 아니다.

Error Analysis and Interlanguage

학습자 언어의 기술

제2언어 교수의 방법과 자료에 대한 개선은 현재 우리가 제2언어 습득 과정에 대해 이해하고 있는 것보다 더 나은 이해를 할 때까지는 시행착오를 범하는 문제로 남아 있다. 이 분야에 대한 연구의 양이 적고, 그 결과도 실망적이다. 부분적인 것이 많고, 그 타당성 면에서도 조작적이며 편협하다. 우리는 문제에 대해 보다 일반적이고 순수한 접근을 필요로 한다. 언어 학습은 모호하고 자료 처리 과정에 대해 잘 이해하지 못한다는 주장은 자주 반복되었다. 이러한 주장은 인지심리학적인 측면에서 행해진 최근 증대하는 연구 양으로부터 잠재적으로 풍부한 도움을 얻게 될 것이다. 언어 습득에 대해 제안되어 온 유추는 종종 컴퓨터 용어 ― 자료 처리, 입력, 출력, 작동 등등 ― 로 표현된다. 이러한 유추에서 학습자가 노출되는 목표어의 자료는 입력이고, 그리고 학습 과정, 자료 처리 과정, 목표어 문법의 출력 등으로 표현된다. 이렇게 유추하는 것에는 커다란 위험이 있다. 사실은 컴퓨터를 통제하는 것처럼 학습자를 통제하지 않는다. 우리는 입력을 통제하지 않으며, 자료에 수행된 작동을 통제하지 않는다. 그리고 단지 출력이 무엇인지에 대한 지극히 개략적인 그림을 가지고 있을 뿐이다. 게다가 학습자는 단순히 자료 처리 기계가 아니라 배우는 사람이다. 프로그램은 처리 과정으로부터의 피드백에 응답하기 위해 지속적으로 수정된다. 만일 우리가 자료-처리 용어를 사용해야 한다면, 용어에 많은 구별을 두어야만 한다. 어떤 의미에서 교사는 자료를 통제한다. 교사는 직접 잠재적인 입력을 제공하거나 또는 억제한다. 하지만 교사가 입력을 보장하지는 못한다. 다만 교사는 자신의 자료가 확실하게 입력이 되도록 하는 많은 기술을 가지고 있다. 하지만 입력(또는 수용)이 일어났는지 아닌지를 확인할 수 있는 교사의 유일한 수단은 학습자의 언어적 수행으로부터의 추론에 의해서이다. 더군다나 교사는 그의 자료가 학습자의 입력 처리를 통제하도록 하는 많은 기술을 가지고 있다.

비록 교수요목이 어떤 의미에서는 프로그램의 한 부분이지만, 학습자가 자료상에서 수행해야만 하는 역할을 결정하도록 도와줄 수 있는 그런 프로그램 같은 것을 교사가 가지고 있지는 않다. 다른 의미에서 학습자는 특별한 방식으로 입력을 처리하도록 이미 프로그램되어 있다. 어떤 교수 기술은 학습자가 프로그램을 순조롭게 운영하는 것을 방해한다고 알려져 있다. 또한 자료 제시의 연쇄 ― 교수요목 ― 가 학습자의 논리적인 처리 요구와 일치하지 않는 것도 당연하다. 어떤 자료는 성급하게 제시됨으로써 학습자가 수용할 수 없게 되기도 하고, 적절한 요청이 있을 때 쉽게 이용할 수 없게 되기도 하다.

그래서 만일 우리가 먼저 학습자 문법의 상태를 보여줄 수 있는 자료 본질 간의 상호 관련성을 발견할 수만 있다면, 학습 과정에 대한 연구가 가장 풍부해질 것으로 보인다. 물론 이것은 입력과 출력의 관계에 관여한다고 말하는 것과는 다르다. 왜냐하면 우리는 입력을 통제하지 않으며, 출력의 본질은 학습자의 언어적 수행으로부터만 추론할 수 있기 때문이다.

우리는 이미 자료의 본질과 그것의 제시 연쇄를 통제하고 있다(적어도 형식적인 교수 상황에서는). 현재 우리가 가지고 있는 것은 학습자 문법의 본질을 추론하기 위한 다소 적절하지 못한 수단들이다.

체계는 역동적인 것이다. 모든 자료를 한 번에 학습자에게 제공하는 것은 불가능하고, 학습자에게 그것을 처리하게 하는 것도 불가능하기 때문에, 많은 양의 식사를 소화하는 것처럼 이론적으로 학습자 문법에도 한정된 상태가 있을 것이다. 우리는 학습자에게 자료를 제공하는 최적의 연쇄를 모르기 때문에, 특정 자료에 대한 노출이 학습자 문법의 상태에 가져다 준 효과를 보기 위해서는 학습자의 문법에 대한 규칙적인 점검이 필요하다. 이러한 방법에 의해 우리는 결과적으로 최적의 논리적인 자료의 연쇄가 무엇인지를 발견할 수 있다. 또 다르게 우리는 임의로 제시되는 자료 연쇄를 학습자에게 부과하기보다는 학습자 스스로 자신의 자료를 찾도록 허용할 수 있다. 우리가 채택한 과정이 어느 것이든지 간에, 우리는 여전히 학습자 문법의 연속적인 상태를 기술하기 위한 수단을 필요로 한다. 그 상황은 물론 어린이의 언어 습득을 관찰하는 것과 유사하다. 차이점은 어린이의 언어 습득의 경우에는 잠재적인 입력의 본질이 무엇인지에 대해 훨씬 적은 고민을 한다는 것이다.

그때 우리가 필요로 하는 것은 학습자의 언어에 대한 종단적인 고찰 — 지속적인 학습자의 방언 상태(états de dialecte)에 대한 일련의 기술 — 이다. 이들과 변화를 겪은 것들을 비교함으로써 그리고 그때 이들과 잠재적인 입력 자료들을 관련시킴으로써 우리는 학습 과정에 대해 추론할 수 있다. 그래서 내가 여기에서 관계하고자 하는 문제는 학습 과정에 대해 기술(記述)하고, 그러한 학습 과정을 실행하기 위해 우리에게 필요한 기술(技術)을 제안하는 것이다. 내가 생각하기에 여기에는 두 가지 종류가 있다. 응용언어학에서 평가(testing)와 오류 분석(error analysis)이라고 부르는 것이다. 이들 각각을 차례로 살펴볼 것이다.

평가의 목적에는 여러 가지가 있다. 성취도 평가는 교수요목에서 무엇이 학습되었는지를 결정하기 위해 설계된다. 숙달도 평가는 어떤 특별한 교수 과정과 무관하게 학습자의 지식 상태에 대한 그림을 제공해 준다. 진단 평가는 아직 숙달되지 않은 목표어의 영역을 확인하고자 하는 보다 제한된 목표를 갖고 있다. 물론 적성 평가는 그 목적이 제2언어를 습득하기 위한 학습자의 잠재적 능력을 측정한다는 점에서 꽤 다르다. 성취도 평가, 숙달도 평가, 진단 평가의 형식을 구별하는 것은 평가 기술이 아니라 평가의 내용이다. 그것은 샘플링(sampling)의 문제이다. 성취도의 측정에서는 샘플링이 알려진 자료 덩이 — 교수요목 — 에 기초해서 이루어진다. 숙달도의 측정에서는 샘플링이 전체 언어에서 이루어진다. 진단 평가와 숙달도 평가의 차이는 샘플의 기초를 이루는 자료에 있는 것이 아니라 평가 결과의 이용에 있다. 진단 평가에서는 평가에서 나타난 학습자의 언어 수행을 통해 학습자가 어느 것에 어려움을 겪었는지를 보여 주는데, 이것이 진단 평가의 관심의 초점이다. 반면 숙달도 평가에서는 학습자가 무엇을 모르는지에 유의하는 것만큼 학습자가 무엇을 알고 있는지에도 유의해야 한다.

숙달도 평가는 학습자의 방언 상태의 기술을 위한 자료의 원천을 제공한다. 하지만 숙달도 평가는 두 가지의 심각한 결함을 안고 있다. 첫째, 평가로부터 이용할 수 있는 자료의 양이 극히 제약되어 있다. 평가는 샘플에 기초하고 있고, 이러한 샘플은 특정 교수요목과 관련되어 있지 않기 때문에 '전체로서의 언어'(language as a whole)에서 샘플을 추출해야만 한다.

누구도 '전체로서의 언어'가 무엇을 의미하는지 또는 제시되는 샘플이 어떤 원리에 의해 만들어지는지에 대해 아무것도 말할 필요가 없다. 분명히 그것은 언어구조나 언어수행에 대한 어떤 이론적인 모델에 의존할 것이다. 샘플링 이론은 하나의 견본 과업에서의 수행이 모든 과업 수행을 예측한다는 가정에 의거하기 때문에, 숙달도 평가는 학습자 언어 지식의 본질에 대한 질적 진술이 아니라 전체로서의 언어에 대한 학습자 지식의 양적인 측정을 제공하는 것을 목표로 한다. 그래서 학습자의 방언 상태에 대한 기술의 근거가 될 수 있는 자료의 종류를 제공하지는 않는다. 숙달도 평가의 두 번째 결함은 그것이 목표어를 기반으로 해서 구성되어 있다는 것이다. 숙달도 평가는 다음과 같이 묻는다. 학습자가 목표어의 이런저런 범주를 알고 있는가, 학습자가 목표어에서 이런저런 과정을 수행할 수 있는가? 질문은 필수적으로 '예/아니오' 의문문의 종류이다. 숙달도 평가가 학습자가 무엇을 알고 있는지, 학습자가 무슨 언어를 사용하고 있는지, 학습자가 공부하고 있는 범주와 체계가 무엇인지와 같은 질문을 하기 위해 고안된 것은 아니다. 학습자가 목표어에서 어떤 것을 수행할 수 없음을 아는 것은 교수 목적에 유용하다. 하지만 학습자의 방언 상태를 기술하기 위해서는 학습자의 목표어와 유사하거나 동등한 수행을 알고 싶어한다. 객관적인 평가의 본질은 평가 항목이 단지 두 가지의 해결책 − 맞느냐 또는 틀리느냐 − 을 허용하는 것이다. 때때로 틀린 답변으로부터 학습자 언어의 특성을 추론할 수 있다. 하지만 평가가 이러한 특성을 밝혀내기 위해 만들어진 것은 아니다. 하지만 이것이 곧 어떤 실험적인 평가 기술이 우리가 찾는 정보의 종류를 드러낼 수 있게 고안될 수 없다는 것을 말하는 것은 아니다. 여전히 개발되고 있는 실험적이거나 시험적인 방법들에 의해 학습자의 언어를 연구하는 새로운 영역이 있다. 오류 분석은 평가가 학습자 언어 연구에 대한 실험적인 접근으로 간주될 수 있는 영역이다. 오류 분석은 학습자 언어에 대한 치료적인 접근으로 불려질 수 있다. 자료의 샘플을 결정하는 것은 실험자가 아닌 학습자이다. 하지만 현재까지 오류 분석에서의 강조점은 거의 모두가 교수요목 개정을 계획하거나 적절한 교정 기술을 고안하고자 하는 실용적인 목적과 관련되어 있다. 그렇기 때문에 학습자의 방언 상태를 기술하기 위한 기술적인 측면에서는 숙달도 평가에서 보여준 결함과 평행한 부적절함이 있다. 또한 오류 분석은 학습자가 목표어의 부적절한 버전을 말하고 있다고 가정해 왔다. 그리고 오류 분석은 목표어에 기초해 있고 오류 분석이 함의하고 있는 기술적인 이름 때문에, 오류 분석의 초점이 학습자가 목표어의 문법에서 바르게 말하지 않는 것이 무엇인지에 놓여져 있었다. 학습자의 문법적이고 적절한 발화는 그가 적어도 부분적으로는 목표어의 범주와 체계를 정확하고 적절하게 사용하고 있다는 증거라고 가정한다.

오류 분석의 목적이 순전히 실용적인 한, 내가 생각하기에 그러한 오류 분석은 잘못이다. 실제 발화를 위해(교실에서의 연습을 위해 사용한 언어는 제외) 자신의 전이적 방언을 사용하는 학습자의 자발적 발화를 관찰한 사람이라면 누구나 표면적으로 목표어의 규칙을 따른 적형의 개인발화라고 해서 오류가 없다고 확신하지 못한다는 것을 금방 깨닫는다. 학습자의 발화는 대략 세 가지 범주로 분류될 수 있다. 표면적으로 일탈된 것, 표면적으로 적형이고 문맥에도 적절한 것, 표면적으로는 적형이지만 문맥에 부적절한 것. 마지막 경우는 표면적으로 평행한 발화가 해당 문맥에서 모국어 화자에 의해 발화될 때 해석되는 것과 같이 해석될 수 없다는 의미이다. 간략히 말하자면, 오류 분석에서 관심을 두는 부분은 학습자가 목표어의 모국어 화자가 사용하는 범주와 규칙을 이용하여 자신의 메시지를 표현하는 정도를 발견하는 것이다. 이는 내가 적형이면서 적절하다고 부르는 발화의 범주가 관심의 대상이 아니라는 것을 의미한다(그것은 오류 분석 자료의 한 부분을 형성하지 못한다.). 왜냐하면 그것은 단순히 목표어의 발화로 간주되기 때문이다.

하지만 오류 분석을 수행하는 목표가 학습자의 방언 상태를 기술하기 위한 것이라면, 적형이면서 적절한 발화는 분명 학습자의 방언 상태를 기술하기 위한 자료의 중요한 한 부분이다. 그럼에도 또 다른 이유가 있긴 하겠지만, 사실 우격다짐으로 실용적인 목적을 위해 오류 분석을 적용하고 있다. 학습자의 발화가 적형이고 적절하지만 그럼에도 오류일 수 있다. 그러한 발화를 '우연히 옳은 것'이라고 부를 수 있다. 이는 두 가지 방식으로 이해될 수 있다. 첫째, 그 발화가 목표어에 의해 완전히 일반적인 규칙에 의해 생성 가능할 때, 하나의 단어, 다시 말해 관용구처럼 학습되었을 수 있다. 이러한 예로 학습자가 적절하게 생성해 낸 what are you doing tonight를 들 수 있다. 보다 많은 그의 다른 발화에 대한 조사에서 이 학습자는 다른 어떤 곳에서도 미래에 대해 진행형을 사용하지 않았다는 것이 드러났다. 물론 이 문장은 영어에서 아직 관용적인 의미가 전혀 없다. 둘째, 문법적이고 적절한 발화가 목표어의 규칙이 아닌 다른 규칙에 의해 생성되었을 수 있다. 이러한 일이 일어난다는 충분한 증거가 있다. 하나의 단순한 예를 제시하면, 정확한 명사구 die guten bücher, meine besten Freunde, Diese jungen Leute를 생성한 독일어 학습자가 또한 viele anderen Frauen, wenige schlechten Fehler, einige ungevöhnlichen Sitten과 같은 일탈된 명사구를 생성하였다. 이러한 사실로부터 학습자가 아직 핵의 앞에 오는 형용사 어미에 대한 규칙(강굴절과 약굴절)을 모르고 있다는 것을 추론하였다. 그는 한정사(determiner)가 선행하는 형용사는(주격 복수에서) 항상 어미 -en으로 굴절된다는 원리를 만들어 냈다. 그의 규칙은 목표어의 규칙이 아니지만, 꽤 많은 수의 표면적으로 정확하고 적절한 형을 우연히 생성하였다.

그래서 오류 분석은 자료의 한 부분으로 필수적으로 완전히 허용 가능한 발화를 포함한다는 결론을 이끌어 낼 수 있다. 만일 이것이 실제라면 오류 분석이란 이름은 잘못 이끌어낸 것이 된다. 왜냐하면 학습자의 모든 발화가 그것들의 표면구조가 어떻든, 적절하든 어떻든지 간에 잠재적으로 오류가 있다고 말하는 상황을 피할 수 없게 되기 때문이다. 나는 학습자 발화의 표면형 또는 명백하게 적절한 형이 무엇이든지 간에, 어떠한 것도 목표어의 발화는 아니라고 말하는 것이 낫다고 생각한다. 다시 말해, 학습자는 어떤 순간에도 목표어를 말하고 있는 것은 아니다. 하지만 학습자의 언어 — 하나밖에 없는 고유한 방언 — 가 목표어와 많은 특성을 공유하고 있다는 사실은 의심의 여지가 없다.

이러한 결론은 오류 분석이란 용어가 더 이상 유용하지 않다는 것이다. 왜냐하면 그것은 단지 학습자의 표면적으로 일탈되고 부적절한 발화가 목표어의 발화가 아니라는 가정에 기초하고 있기 때문이다. 여기서 말하고자 하는 것은 아직까지는 오류 분석이 목표어에 기반을 두고 있다는 것이다. 게다가 분석의 목적이 실용적인 것일 때, 오류라는 용어는 마치 부적절한 어떤 것 — 나는 오류를 학습자의 방언 상태를 기술하는 보다 이론적인 것 가운데 하나로 그 특성을 기술하였다 — 을 의미한다. 내가 여기서 채택하고 있는 입장은 분명 어린이 언어 습득 연구에서 채택하고 있는 것과 같다. 유아 또는 학습자가 출력한 전체 자료 덩어리는 학습 경력의 어떤 지점에서의 그의 언어 체계를 기술하기 위한 적절한 자료이다. 성인 언어의 관점에서 발화가 적형이냐 적절하냐 하는 것은 그의 언어 체계를 기술하는 데 부적절하다.

이제 보다 해결하기 어려운 학습자의 언어 상태를 기술하는 문제로 돌아갈 수 있다. 현재 고안된 숙달도 평가는 그것의 단편적인 특성과 목표어에 기반을 둔 기준 뿐만 아니라 학습자 자신의 방언 안에서의 발화인 학습자의 반응에 대한 상태도 의심스럽기 때문에, 학습자의 언어 상태에 대한 기술의 기초가 될 수 있는 자료의 유형을 제공할 것 같지 않다는 것을 보아 왔다. 숙달도 평가는 어떤 기술 작업을 시작하기 위해 필요한 종류의 상황적 문맥에서의 발화를 제공하지 않는다. 이것이 숙달도 평가가 문맥을 고려하지 않는다는 것을 말하는 것은 아니며, 보통의 의사소통 상황에서의 문맥이 아니라는 것이다. 학습자 자신의 방언에서의 발화인 학습자의 반응에 대한 설명을 만들어 내기가 불가능하다.

언어 기술을 위해 유용한 자료는 모국어 학습자의 허용 가능한 발화이다. 여기서 학습자의 맥락화된 발화에 직면했을 때 바로 어떤 문제에 봉착하게 된다. 첫째, 학습자는 전이적 방언의 모국어 화자가 아니다. 즉 전이적인 방언은 학습자의 모국어가 아니다. 사실 학습자의 방언을 모국어로 하는 화자는 존재하지 않는다. 교육적인 배경과 모국어가 학습자에게 동일한 방언의 화자로 간주되도록 자격을 부여하는 상황에 대해서는 무시할 수 있다. 물론 각각의 개인은 자신의 모국어의 고유한 개인 방언(idiolect)을 말한다는 것은 사실이다. 이러한 사실은 언어학자들에게는 무시된다. 왜냐하면 언어학자들은 보통 특정 개인의 발화 특성을 설명하는 것을 필요로 하지 않으며, 그들의 목적상 하나의 언어 또는 하나의 방언처럼 추상화된 언어 또는 방언을 연구한다. 언어학자들의 언어 기술을 위해서는 '허용 가능성'(acceptability)이라는 개념이면 충분하다. 왜냐하면 경험적으로 언어학적 기준 외에 동일하다고 간주할 수 있는 사람들의 집단이 있다는 것을 알 수 있기 때문이다. 그들은 광범위한 영역의 자료에서 주어진 어떤 문맥 안의 발화 집합의 문법성과 적절성에 대해 동일한 판단을 하는 집단이다. 하지만 언어 학습 연구를 위해서는 개인의 언어 특성을 기술할 수 있어야 할 필요가 있다. 이러한 환경에서 허용 가능성의 문제가 새로운 관점으로 들어온다. 오직 하나의 해결책은 학습자의 모든 발화를 학습자의 전이적 방언에서 허용 가능한 발화로 간주하는 것이다. 물론 이는 학습자에게 자신의 발화에 대한 스스로의 용인에 동의하도록 요구함으로써 경험적으로 검사할 수 있다. (나는 화자라면 누구나 범할 수 있는 언어수행상에서의 가벼운 잘못의 범주로 분류될 수 있는 실수의 유형은 필수적으로 무시하고 있다. 자신의 전이적 방언을 말하는 학습자는 실제 일반적인 화자가 그러는 것처럼 그러한 언어수행상의 가벼운 잘못을 하기 마련이다.)

그래서 비문법성 또는 일탈성이 학습자에게 적용될 수 없다는 결론에
도달하게 된다. 정의에 따르면, 학습자가 발화하는 모든 것은 그의 방언
에서 문법적인 발화이다. 그래서 우리는 언어학자가 언어에 대한 기술,
다시 말해 자신의 자료가 무엇인지를 결정하는 기술을 수행할 때 직면하
게 되는 것과 유사한 문제를 가지지 않는다. 물론 우리는 연구를 수행하
기 위한 자료의 결핍이라는 실제적인 문제를 안고 있다. 이러한 자료의
결핍은 학습자의 출력이 적고, 학습자가 고립된 제보자라는 사실, 특별
히 학습자의 방언이 불안정하다는 사실로 인해 발생된다. 이러한 점들은
모두 어린이의 언어 습득을 연구하는 사람들도 공유하는 문제이다.

언어에 대한 언어학적 기술은 언어로 된 문장이다. 그래서 우리는 학
습자의 방언 상태를 기술하는 데 있어 그의 발화와 그의 방언 문장 사이
의 관계에 대한 문제에 직면하게 된다. 이제 Lyons(1972)의 '규칙
화'(regularization), '표준화'(standardization), '탈문맥화'(de-contextualization)
라는 세 가지 과정의 관점에서 이 문제를 생각해 보자.

'규칙화'는 앞서 언어수행상의 가벼운 잘못과 같은 항목으로 언급된
우연적인 실패의 결과와 같은 유형을 제거하기 위해 발화를 재구조화하
는 과정이다. 이 문제는 실재적인 것이며, 허용 가능성에 대한 물음과
관련되어 있다. 학습자는 유일한 제보자이기 때문에, 학습자의 발화를
규칙화하는 능력은 결정적으로 학습자의 작용에 의존한다. 언어 수행상
일어난 잘못과 간섭의 모든 부류들은 예컨대, 기침, 재채기, 망설임, 더듬
거림 등은 발화의 형식적인 특성에 대한 언급 없이도 인지될 수 있다.

위치바꿈(transposition), 잘못된 순서, 분절음 대체는 학습자 자신에 의해서만 만들어질 수 있다. 기술에서의 실제적인 문제는 대부분의 연구가 학습자를 자문과 자기 교정을 위해 활용할 수 없는 문어 자료를 바탕으로 행해진다는 점이다. 이러한 환경에서는 표면적인 일탈형이 확실히, 그리고 애매하지 않게 언어 수행상의 잘못 또는 전이적 방언의 특성으로 분류될 수 없다. 비록 많은 교사가 학습자 방언의 꽤 능숙한 언어수행자가 된다고 말하는 경우에도, 언어학자들의 직관에 의지하지 않는다.

'표준화'는 '이상화'(idealization)의 두 번째 단계로, 개인적이고 사회문화적인 요인에 의해 각기 다른 개인들로부터의 발화들 사이에서 체계적인 변이를 제거하기 위해 화자의 발화를 재구조하는 것이다. 학습자는 자기 방언의 유일한 화자이기 때문에, 적어도 이 단계에서는 어떠한 문제도 야기되지 않는다. 실용적인 관점에서는 학습자 집단의 언어 특성에 대해 기술하기를 바랄 수 있다. 그러한 경우에 표준화 또는 규범화(normalization)가 필요할 수 있다. 하지만 여기에서 고려되는 목적을 위해서는 이러한 필요성이 요구되지 않는다.

가장 어려움을 느끼는 단계는 결정적인 세 번째 단계인 '탈문맥화'에서이다. 왜냐하면 학습자는 유일한 제보자이기 때문이다. 학습자의 발화를 탈문맥화하는 능력은 학습자의 정보 또는 의도를 설명하는 능력에 거의 전적으로 의존한다. 이처럼 언어학자가 학습자 방언의 화자가 아니라는 사실은 그 상황을 유아 또는 아직 알려지지 않은 언어를 기술하는 문제와 비교하는 상황을 만든다. 하지만 이점(利點)도 있다. 화자가 의미하는 바를 확립하기 위해 학습자의 모국어에 기댈 수 있다. 이러한 측면에서 우리의 작업은 유아 학습자의 문장을 확립하기 위한 시도에서 직면하는 문제보다는 훨씬 더 쉽고, 또한 학습자의 방언은 우리가 가정하고 분명 원하듯이 목표어와 강한 유사성을 가지고 있다. 반면 문맥화(contextualization)는 다른 문맥의 환경에서 생성된 유사한 발화로부터 도출된 학습자의 규칙에 대해 추론하는 과정을 수반한다. 이는 단지 학습자 문장의 본질을 하나의 특별한 발화의 표면 구조에 기반하여 추론하지 않는다는 것을 말한다.

학습자 언어에 대한 연구가 목표어에 기반하는 한 항상 목표어의 방향으로, 다시 말해 학습자의 발화를 그의 방언 문장이 아닌 목표어의 평행한 문장으로 규범화 또는 탈문맥화하려는 경향성이 나타난다. 예컨대 순수히 가상적인 예를 하나 제시하면, 만일 'Whose car are we gong in'이라는 질문에 학습자가 John, if he gets here in time이라고 대답하였다면, 이를 목표어의 평행한 문장 We are going in John's car if John gets here in time과 연결할 것이다. 반면 학습자 방언에 대한 보다 확장된 연구라면 당연히 학습자의 기저 문장이 We are going in the car of John, if John gets here in time이었다는 것을 보아야만 한다. 이것이 보다 개연적인 설명인지 아닌지에 대한 결정은 학습자의 다른 발화에서 나타난 증거, 다시 말해 그가 다른 곳에서 소유격이나 of, 또는 다른 어떤 통사적 장치로 소유를 표현하는지 아닌지에 의존할 것이다.

이제 나는 나의 논의를 정리할 수 있다. 제2언어를 가르치기 위한 방법과 제재(題材)를 발전시키기 위해서는 교사에 의해 이용되는 제재와 과정을 학습자 지식의 변화와 관련시킬 필요가 있다. 이를 위해서는 학습자의 방언 상태를 지속적으로 기술하는, 학습자에 대한 오랜 기간의 연구가 필요하다. 이러한 기술의 기초가 되는 자료는 숙달도 평가나 오류 분석으로부터 추출될 수 있다. 전자는 실험적인 접근을, 후자는 치료적인 접근을 나타낸다. 현재 이러한 접근들은 평가 항목이 목표어의 문법에서 고안되고, 오류 분석도 목표어의 문법에서 이루어진다는 점에서 목표어에 기초를 두고 있다. 학습자의 방언 상태에 대한 기술은 학습자가 말하는 것을 목표어에 부적절하거나 부정확한 형태로서가 아닌, 특이한 전이적 개인방언으로 인식함으로써 더 잘 이루어질 수 있다. 전이적 개인방언은 유아의 언어 또는 아직 알려지지 않은 언어에서와 같은 방식으로 접근되어야만 한다. 그때 학습자의 오류 분석에서 특징되는 특별히 비문법적이고 부적절한 발화에 초점을 두는 것은 학습자 문법의 왜곡된 모습을 이끌어 낼 것이다. 다시 말해 오류(error)와 허용 가능성(acceptability)의 개념은 유아 언어의 연구에서 그런 것처럼 학습자 언어의 연구에서도 거의 쓸모가 없다.

04

학습자 오류 연구에서
해석의 역할

학습자의 제2언어에 의해 만들어진 오류를 연구하는 것은 증명이 필요없는 일이다. 그것은 교사가 순수히 실용적인 이유로 항상 하는 것이다. 평가와 시험의 결과와 더불어 학습자가 만든 오류는 언어 교수와 학습이라고 부르는 과정의 피드백 체계에서 중요한 부분이다. 교사가 자신의 교수 과정과 자료, 진도 조절, 어느 시점에서 계획하는 연습량에 변화를 주는 것은 오류로부터 얻는 정보에 기초한다. 이러한 이유로 교사는 언어학적으로 오류를 발견하고 기술할 수 있어야 할 뿐만 아니라 오류의 발생에 대한 심리적인 원인을 이해할 수 있어야 한다. 오류에 대한 진단과 진술은 교사가 갖추어야 할 기본적인 기술 가운데 하나이다.

하지만 오류에 대한 연구는 또한 응용언어학의 중요한 한 분야이다. 그것은 대조언어학적 연구를 찾아내는 근거를 제공한다. 이중언어 비교는 모국어와 학습자가 배워야 하는 제2언어 사이에 차이가 있다는 이론에 기초하고 있다. 대조 연구는 차이점을 발견하고 기술하기 위해 수행된다. 오류 분석은 이중언어 비교의 기반이 되는 이론적 예측을 확증하거나 또는 반증한다. 이러한 의미에서 오류 분석은 전이 이론을 비준(批准)하는 실험적 기술이다.

그러나 오류 분석은 이를 넘어선다. 오류 분석은 언어 학습의 심리언어학적인 과정에 대하여 우리들에게 무엇인가를 말하는 것에 목표를 두고 있다. 우리는 학습 과정에서 학습자에 의해 채택된 전략에 대하여 어떤 결론을 이끌어 낼 수 있기를 바란다. 이러한 의미에서 오류 분석은 언어 학습에 대한 심리언어학적 고찰 방법론의 하나이다. 이보다 더 나아갈 수도 있다. 왜냐하면 유아의 모국어 습득이 제2언어 습득의 최적의 과정 — 우리가 관찰한 제1언어와 제2언어 사이의 가장 경제적인 길을 말한다 — 과 유사한 발전 과정을 따른다는 것을 보아 왔기 때문이다. 유아의 모국어 습득에 대한 종단적인 연구와 유사하게 제2언어 습득자에 대한 종단적인 연구가 수행되었다. 그러한 연구에서 학습자가 만든 오류는 학습자의 언어적 발달에 대한 가장 중요한 정보원이었고, 내가 다른 곳에서 학습자의 '내재화된 교수요목'(built-in syllabus)이라고 부르는 것에 대한 설명을 이끌어낼 수 있었다.

이러한 기본적은 관찰은 실제 오류 분석이 응용언어학에서 차지하는 중심적인 위치를 보여준다. 보다 중요한 것은 오류를 인식하고 기술하기 위한 더 좋은 기술을 개발해야 한다는 것이다. 우리들의 최종 목표인 오류에 대한 만족할 만한 설명은 오류에 대한 타당한 기술에 의존한다.

오류에 대한 기술은 언어학적 행위이다. 오류는 학습자 또는 학습자 집단에 의해 생성된 오류의 성격을 띤 자료에 언어학적 이론을 적용함으로써 기술된다. 언어학적 이론이 좋으면 좋을수록 오류에 대한 언어학적 기술도 더 타당하게 될 것이다. 우리는 대조 분석에서 동일한 발전을 보아왔다. 즉 표면구조만을 고려하는 문법 이론은 학습자의 어려움을 예측하기에 부적절하며, 기저의 문법적 성분을 통합하는 이론이 훨씬 더 타당하다는 것이 증명되었다. 지금부터는 의미에 기초한 모델을 이용함으로써 훨씬 더 많은 것을 학습하는 것을 관찰하게 될 것이다.

불행히도 교사에 의해 가장 많이 시행되는 오류의 기술 수준은 아직까지는 피상적이다. 표현되어야 하는 어떤 요소가 빠진 '누락오류'(errors of omission), 잘못된 항목이 선택된 '선택오류'(errors of selection), 표현된 요소는 맞지만 배열이 틀린 '순서오류'(errors of ordering)처럼 피상적으로 오류를 분류하고 있다. 오류에 대한 이러한 피상적인 분류는 체계적인 분석을 위한 출발점일 뿐이다. 그것은 분석을 위한 증거나 자료일 뿐이다. 보통 교사는 분류에서 조금 더 나아가기도 한다. 그들은 보통 어느 단계에서 오류가 일어나는지를 진술할 것이다. 예컨대, 누락, 첨가, 잘못된 선택, 또는 잘못된 순서는 쓰기 차원(graphological level)에서 일어난다. 이것들은 철자 오류이이거나 또는 문법적(Gramatical) 단계나 어휘 의미(Lexico-semantic) 단계에서 일어날 수 있다. 오류에 대한 이러한 분류를 적용함으로써 우리는 이러한 종류의 오류를 범주화하는 틀을 얻을 수 있다.

	Graphological Phonological	Grammatical	Lexico–semantic
누락(omission)			
첨가(Addition)			
선택(Selection)			
순서(Ordering)			

하지만 이러한 범주화조차도 여전히 깊이가 있다거나 체계적이라고 하기에는 충분하지 않다. 관사가 요구되는 곳에서 관사의 누락 또는 관사가 요구되지 않는 곳에서 관사의 첨가는 이 도표에 없는 다른 종류의 오류로 분류된다. 반면 이를 인식 체계 또는 명세 체계의 불완전한 지식에 대한 증거로 간주하는 것은 설명적으로 매우 유용하다. 보다 적절한 분류는 시제(tense), 수(number), 서법(mood), 성(gender), 격(case) 등과 같은 체계에 의한 것이다. 오류에 대한 이러한 분류는 보다 추상적이고 체계적이다. 학습자가

I am waiting here since three o'clock

이라고 말할 때, 우리는 그가 두 개의 단어 have been의 위치에 하나의 단어 am을 선택하는 선택오류와 누락오류를 범하였다고 설명하지 않는다. 우리는 그가 완료시제의 위치에 비완료 시제를 선택하는 잘못된 시제 선택을 했다고 말한다. 그는 아직 영어의 시제 체계를 완전히 습득하지 못한 것이다.

하지만 우리의 현재 목적을 위해 명심해야 할 중요한 것은 학습자가 실제 말하는 것과 그가 표현하고자 하는 것을 표현하기 위해 말해야 하는 것을 비교함으로써 학습자의 오류를 확인하고 발견하는 것이다. 다시 말해, 우리는 오류의 성격을 띤 학습자의 발화를 모국어 화자가 그러한 의미를 표현하기 위해 말하는 것과 비교한다. 우리는 원래의 발화와 내가 재구조화된 발화라고 부르는 것, 다시 말해 학습자가 의도한 의미를 가지고 있는 정확한 문장을 비교함으로써 오류를 인식한다. 재구조화된 발화는 학습자의 발화를 목표어로 번역한 것으로 간주할 수 있다. 이러한 관점에서 오류 분석은 대조 분석과 같다. 우리의 출발점은 항상 특정 문맥에서 같은 뜻을 가진, 번역과 등가적인 발화의 쌍이다.

이제 결정적 해석이 어떻게 해서 오류 분석 방법론의 전부인지를 알 수 있다. 재구조화된 문장은 학습자가 말하고자 한 것이 무엇인가에 대한 우리의 해석, 학습자가 표현하고자 한 의미에 기초한다. 오류에 대한 기술의 전체적인 성공은 학습자의 의도 또는 의미에 대한 우리의 해석의 정확성에 달려 있다. 이때 우리가 물어야 하는 첫 번째 질문은 '어떻게 이러한 해석에 도달하는가?'이다. 학습자에게 접근할 수 있느냐 없느냐에 따라 두 가지 방식이 있다.

Ⅰ. 만일 학습자가 지금 있다면, 우리는 학습자에게 모국어로 자신이 의도하는 것이 무엇인지를 묻고, 그의 발화를 목표어로 번역할 수 있다. 이는 권위 있는 해석이라고 부를 수 있는데, 이는 학습자의 원래 발화(아마도 오류의 성격을 띤)에 대한 권위 있는 재구조화를 제공한다.

II. 만일 학습자를 상담에 활용할 수 없다면, 발화의 형식과 언어학적 및 상황적 문맥에 기초하여 발화에 대한 해석을 시도해야만 한다. 만일 학습자의 발화가 형식적으로 오류라면, 단지 문맥 또는 상황에 대한 언급으로 그가 말하고자 한 것이 무엇인지를 결정하는 것은 어려움이 있다. 모국어에서 발화에 대한 이해는 기본적으로 예측의 문제이다. 대부분의 경우 예측은 정확하다. 하지만 우리가 모든 경우에 사람들이 우리의 언어로 우리에게 말하는 것을 정확하게 해석한다고 결코 절대적으로 확신할 수 없다. 이 경우 의사소통이 잘 되거나 또는 깨지게 될 것이다. 물론 해석이 의심스럽다면, 우리는 사람들이 의미하는 것을 그들에게 물어봐서 우리의 해석을 점검할 수 있다. 하지만 이는 직접 대면하면서 말하는 발화 상황에서만 가능하다. 게다가 처음에는 그들을 적절하게 이해하지 못한다는 것을 알아야만 한다. 놀랍게도 우리는 누군가가 우리에게 말한 것에 대해 스스로 해석하고서는 나중에 그들의 말을 잘못 해석했다는 것을 자주 발견하게 된다.

만일 우리가 우리 언어에 대해 정확한 해석을 한다고 절대적으로 확신할 수 없다면, 학습자의 언어를 해석할 때는 더욱 확신하기가 쉽지 않다. 학습자 발화의 형식과 문맥에 기초해서만 이루어진 해석은(교사처럼 우리가 그와 그의 언어 지식에 대해 알고 있는 것을 포함해서) 의사(擬似) 해석으로 부를 수 있다. 그리고 대응되는 재구조화는 의사(擬似) 재구조화로 부를 수 있다.

물론 학습자의 발화를 다룰 때, 학습자가 함께 있지 않을 때는 학습자의 모국어에 대해 알고 있는 것에 기댈 수 있다. 프랑스인 학습자가 'I want to know the English'라고 썼을 때, 이를 'I want to get to know the English people'처럼 표면적으로 해석하는 것은 문맥에서 배제된다. 프랑스어는 언어명 앞에서 일반적으로 한정사를 붙이는데, 이러한 프랑스어의 일반적인 쓰임에 의해 한정사가 부정확하게 쓰였다. 그래서 결국 이러한 오류의 성격을 띤 문장에 부여되는 해석

I want to know English

라는 문장은 의사 재구조화로 불릴 수 있지만, 이는 신뢰할 수 있는 것이다. 내가 여기서 살펴보고자 하는 것은 의사 해석의 문제이다. 모든 오류 분석의 매우 많은 부분은 문어 또는 기록된 자료와 관련되어 있다. 방법론적인 관점에서 가장 중요한 것은 의사 해석을 만들어 내는 데 내재된 문제점을 이해하는 것이다. 하지만 비록 그렇다 하더라도 이 지점에서 문어 또는 기록된 자료가 두 유형으로 나뉜다는 것을 인지하는 것은 유용하다. 하나는 학습자의 생각과 의도를 자발적으로 표현한 것, 다시 말해 자유 작문이라고 부르는 것이고, 다른 하나는 다른 사람의 생각과 의도를 하나 또는 다른 방식으로 재형식화를 시도한 것이다. 이들은 번역, 또는 개요(resumé), 스토리 다시 말하기(retelling of stories), 받아쓰기(dictation)와 같은 제재로 분류된다. 후자의 경우 학습자가 자신의 말과 별개로 무엇을 표현하고자 했는지에 대해 설명할 수 있다는 것은 분명하다. 오류 분석의 방법론적이 측면에서 그러한 자료로 연구하는 것은 분명히 장점이 있다. 하지만 두 가지 약점을 염두에 두고 있어야만 한다. (a) 학습자는 원래의 텍스트를 해석할 때, 그리고 그러한 해석을 표현할

때 오류를 범할 수 있다. 우리는 이해, 또는 반응의 오류를 다루고 있는 것인지 아니면 표현의 오류를 다루고 있는 것인지를 결정하는 데 어려움이 있을 수 있다. (b) 원래의 텍스트에 있는 온전한 구나 문장을 한 단어처럼 반복하거나, 또는 잘못 기억된 또는 잘못 저장된 버전의 구나 문장을 제공하는 학습자가 있을 수 있기 때문에 오류의 종류가 아마 다르게 분포될 수 있다. 이러한 유형의 자료를 대상으로 한 오류 분석은 학습자의 전이적 방언에 대한 만족할 만한 모습을 기술해 내지 못할 가능성이 있다.

만일 오류의 성격을 띤 발화를 인식하는 것이 쉬운 일이라면, 오류의 성격을 띤 발화들은 누락, 첨가, 잘못된 선택, 잘못된 순서 중의 하나이다. 하지만 어떤 문장은 여전히 오류의 성격을 띠면서도 이에 대한 어떠한 외견상의 그리고 형식적인 표식을 보이지 않을 수 있다. 표면적으로는 정확한 형식이더라도 그것이 오류가 없다는 것을 보장해 주지는 않는다. 목표어의 규칙에 따라 해석했을 때, 학습자는 표면적으로는 적형으로 보이지만, 그가 의도한 의미를 띠지 않는 문장을 만들어 낼 수 있다. 이는 누구에게나 놀라운 일은 아니다. 모국어 화자에 의해 만들어진 적형의 문장은 대부분 문맥을 벗어났을 때는 모호하다. 그러한 모호한 문장을 거의 무의식적으로 화자가 의도한 의미로 해석할 수 있게 하는 것은 문맥이다.

그래서 표면적으로 적형인 문장의 이러한 문제점에 대하여 잠시 동안 살펴보기로 하자. 언어학자들은 발화가 허용될 수 있느냐 또는 허용될 수 없느냐를 말하는 데 익숙해져 있다. 이는 일정 정도는 기술적인 용어이다. 허용 가능한 발화는 어떤 적합한 상황에서 모국어 화자에 의해 생성될 수 있고, 또 다른 모국어 화자에 의해 모국어 문장으로 인식될 수 있는 것이다. 적형성, 모호성, 적형의 문장을 생성할 수 있는 능력에 대한 판단은 모국어 화자의 언어수행으로 판단한다. 대부분의 언어학적 이론이 그렇다. 하지만 여러분들은 내가 말한 '어떤 적절한 상황에서 모국어 화자에 의해 생성된'이라는 자격에 대해 알게 될 것이다. 언어에서 수행 능력은 단순히 언어 능력, 적형의 문장을 생성하는 능력으로 제한되지 않는다. 그것은 적절한 상황에서 적형의 문장을 생성하는 능력을 포함한다. 그래서 우리는 단지 학습자에 의해 생성된 문장의 허용 가능성뿐만 아니라 적절성 — 문맥과의 적절한 관계 — 도 고려해야만 한다. 만일 적형성을 언어 기호 체계의 문제로 생각한다면, 적절성은 기호 체계의 적절한 사용 — 언어학자가 수행이라고 부르는 것 — 과 관련되어 있다. 수행의 적절성을 판단하는 것은 능력의 적절성을 판단하는 것보다 훨씬 더 어렵다. 발화의 적절성에 대한 판단은 그러한 발화가 일어난 문맥과 상황과의 관계 속에서 발화를 해석할 것을 요구한다. 적절성은 넓은 범위를 가지고 있고, 현재로는 규칙으로 형식화하기 어렵다. 그래서 적절성에 대한 판단은 매우 주관적임에 틀림없다. 분명한 것은 적형의 허용 가능한 발화는 어떤 상황에서는 완전히 적절하고 다른 상황에서는 그렇지 않다.

... and then the wolf said

와 같은 발화는 동화적인 이야기 상황에서는 적절하지만, 다른 상황에서는 부적절하다.

발화 This elephant has fifteen legs가 적절할 수 있는 어떤 문맥을 찾아내는 것은 어려울 수 있지만, 그럼에도 불구하고 형식적으로는 허용 가능할 수 있다. 언어 교수의 관점에서 볼 때, 적어도 초기 단계에서는 이러한 종류의 적절성에 대해 판단이 요구될 것 같지는 않다. 하지만 오류 분석과 관련된, 매우 선명한 두 적절성의 영역이 있다. 첫째는, '지시적 적절성'(referential appropriateness)으로 이는 발화의 구체적인 진위가(眞僞價)에 의해(논리학자의 관점에서) 판단된다. 만일 학습자가 'I have a hat on my head'라고 말하고, 우리가 그가 캡(cap)을 쓰고 있거나 대머리라는 것을 안다면, 그때 우리는 그의 발화가 허용 가능은 하지만 부적절한 것으로 판단한다. 그의 발화는 영어의 규칙 구조를 따른 분명 적형의 것이다. 하지만 상황/문맥적으로는 잘못 적용된 것이다. 만일 그가 'I wore a hat to visit my aunt last week'라고 쓴다면, 그때 우리는 그의 발화가 허용 가능은 하지만, 그것의 적절성은 확신할 수 없다. 왜냐하면 우리는 그것이 사실인지 아닌지를 알지 못하기 때문이다. 내가 제시한 예들은 매우 선명하지만, 결코 항상 그런 것은 아니다. 'I am studying English'라고 말한 학습자는 허용 가능한 문장을 생성한 것이지만, 그것의 적절성을 판단하기는 어렵다. 왜냐하면 study라는 말이 이미 적지 않은 능력을 획득한 사람에게도 적용되고, 대학에서 공부하고 있는 사람에게도 적용되기 때문이다. 예컨대 아직 학교에서 프랑스어를 공부한다고('studying French') 주장하는 누군가에게는 부적절하다. 이 경우 적합한 형식은 'studying French'가 아니라 'learning French'일 것이다. 이는 언어학자가 '지시적 경계'(referential boundaries)의 문제라고 부르는 것이다. 분명 언어 학습의 일부는 모국어 화자가 하는 방식으로 이러한 경계를 구분하는 학습을 포함한다.

적절성의 두 번째 유형은 '사회적 적절성'(social appropriateness)이다. 이는 판단하기가 훨씬 더 어렵다. 사회적 적절성은 적절한 스타일의 선택 또는 사회적 상황에 맞는 언어의 사용 영역과 관련되어 있다. 현재 우리는 스타일과 사용 영역의 적절성에 대한 알맞은 설명을 하기에 부족하기 때문에, 어감(sprachgefühl)이라는 개념이 필요하다. 만일 학생이 교사에게 'Well, how are we today, old man?'이라고 인사한다면, 그 말은 완전히 허용 가능하지만 사회적으로는 부적절하다. 이 점을 더 이상 고민할 필요는 없다.

만일 어떤 문장이 허용 가능하지 않거나 부적절하다면, 그 문장은 오류의 성격을 띤 것이다. 문장은 허용 가능하면서 적절하기도 하고 (acceptable and appropriate), 허용 불가능하지만 적절하기도 하고 (unacceptable but appropriate), 허용 가능하지만 부적절하기도 하고 (acceptable but inappropriate) 또는 허용 불가능하면서 부적절하기도 (unacceptable and inappropriate) 하다.

acceptable	appropriate	free from error
acceptable	inappropriate	erroneous
unacceptable	appropriate	erroneous
unacceptable	inappropriate	erroneous

우리는 이 도식에서 표면적 적형성만으로는 오류가 없다는 것을 보장받지 못한다는 것을 알 수 있다. 허용 가능하고 적절한 문장만이 오류로부터 자유로울 수 있다. 하지만 여기서 한 가지 주의해야 할 것은 문장이

허용 가능하다는 이유만으로 학습자가 그러한 문장을 형성하는 규칙들을 안다고 할 어떠한 증거도 없다는 사실이다. 학습자는 그러한 문장을 앵무새처럼 하나의 전체로 또는 하나의 형식적인 문구(a formula)로 학습했을 수 있고, 또는 정확하지 않은 규칙들의 적용에 의해 정확한 형식에 도달했을 수도 있다. 'How do you do'를 사용해서 가능하고 적절하게 누군가와 인사할 수 있는 학습자라고 해서 반드시 영어 의문문에서의 do의 용법에 대한 복잡한 규칙들을 배운 것은 아니다. 그는 문장을 하나의 형식적인 문구로 배웠다. 하지만 'What are you doing this evening?'이라고 질문하는 영어 학습자는 허용 가능하고 적절한 발화를 생성하였다. 하지만 그의 교사는 그가 아직 현재 진행을 사용해서 미래의 계획을 나타내는 용법을 모른다는 것을 알았다. 그는 아직 이러한 문장을 생성하는 규칙을 배우지 않았지만, 우연히 그것을 만들어 내었다. 그는 누군가가 말하는 것을 듣고 그것을 마치 관용구나 형식적인 문구와 같이 학습하였을 수 있다. 그때 학습자는 우연히 맞은 것이다.

표면적인 적형성은 오류로부터의 자유를 보장받지 못한다. 이러한 이유 때문에 우리는 명시적으로(overtly) 오류의 성격을 띤 문장과 잠재적으로(covertly) 오류의 성격을 띤 문장을 구분해야 한다. 전자는 표면적으로 오류의 성격을 띤 경우인 반면, 후자는 허용 가능하지만 그것이 우연히 그러한 경우 또는, 허용 가능하지만 부적절한 경우이다.

물론 표면적인 적형성에 대한 판단에서는 문장의 문맥을 설명할 필요는 없다. 하지만 적절성에 대한 판단은 선명하게 이루어진다.

이제 우리는 적절한 설명과 권위 있는 설명에 대한 구분으로 돌아갈 수 있다. 학습자의 발화에 대한 권위 있는 설명을 확보할 수 있을 때는, 대개 그것이 적절한지 아닌지를 결정하는 데 특별히 어려움이 없다. 단지 문제는 학습자가 허용 가능한 형식을 우연히 생성한 것인지 의도적으로 생성한 것인지를 결정하는 일이다. 학습자의 언어 지식에 면밀한 친숙성만이 이에 대한 결정을 가능하게 할 수 있다. 적절한 해석만 할 수 있는 경우에, 그때 우리의 문제는 훨씬 더 복잡해진다. 논의의 남은 부분을 여기에 투자할 것이다.

먼저 표면적으로 적형인, 허용 가능한 학습자의 발화를 생각해 보자. 이러한 문장은 우리가 보아 왔던 것처럼, 오류로부터 자유롭거나 또는 잠재적으로 오류의 성격을 띠었을 수 있다. 둘 가운데 어느 것인지를 판단하는 것은 학습자가 전달하고자 의도한 의미에 대한 추론에 달려 있을 것이다. 이것이 적절한 해석이다. 여기에는 4가지 가능성이 있다.

1. 학습자가 적형의 문장을 생성하였고, 우리가 그것의 표면적 가치를 정확하게 설명하는 경우이다. 이는 모국어 화자의 회화에서는 정상적인 상황으로 추정된다. 우리가 설명해야 하는 유일한 문제는 그가 정확한 문장을 우연히 생성하였을 수 있다는 점이다.

2. 두 번째 가능성은 학습자가 적형의 문장을 생성하고, 우리가 그것의 표면적 가치에 대해 해석은 하지만 그것이 부정확한 경우이다. 왜냐하면 우리가 그것에 부여한 해석이 적절하게는 보이기 때문이다. 영국인 학습자가 'Ich brachte meine Freundin nach Hause'라고 썼을 때, 학습자가 'brought his girl friend to his own house'의 의미를 전달하고자 하였음을 교사가 나중에 알게 되었다. 하지만 이는 위

의 독일어 문장에서는 나올 수 없는 해석이다. 다른 예로 영어를 배우는 독일인 학습자가 'You mustn't wear a hat at the party'라고 썼다면, 그것은 You must not wear a hat보다는 You don't need to wear a hat를 의도한 것이다. 이러한 종류의 해석에 대한 오류를 찾아내는 것은 때때로 어려울 수 있다. 왜냐하면 단지 확장된 문맥만이 정확한 해석을 위한 정보를 제공할 수 있기 때문이다.

3. 세 번째로 학습자가 허용 가능한 문장을 생성하고 그것이 문맥에서 가능하고 평행한 두 개의 해석을 받을 수 있고, 두 개의 해석 가운데 하나만이 학습자가 의도한 것을 나타내는 경우이다. 이러한 상황은 아마도 아주 일상적인 것은 아니며, 모국어 화자들 사이에서 잘 일어날 수 있는 경우이다. 한 예로 'I left behind the packet I bought in the shop'을 들 수 있다. 단지 확장된 문맥에서만이 중의성(ambiguity)을 해소할 수 있다.[2] 우리가 본 것처럼, 해석의 중의성은 원 문장이 명시적으로 오류의 성격을 띠고 있는 경우에 훨씬 더 흔하다.

4. 네 번째 가능성은 문장은 적형이지만 전체적으로 문맥에서 해석이 불가능한 경우이다. 'He gave, in contempt, an explanation of the situation'이라고 쓴 영어 학습자는 적형의 문장을 생성하였지만, 문맥에서 그것은 전체적으로 해석이 불가능하다. 비록 추론이 가능할 수 있다 하더라도, 학습자가 'in contempt'의 사용을 통해 표현하고자 의도한 것이 무엇인지를 알 수 없다.

---

2) [역자 주] '나는 그 가게에서 산 가방을 두고 왔다'라는 의미와 '나는 산 가방을 그 가게에 두고 왔다'의 두 가지 의미를 가진다.

적형의 문장에 대한 해석은 이 정도이다. 우리는 두 번째와 네 번째 예가 잠재적으로 오류의 성격을 띤 문장을 포함하고 있다는 것을 알 수 있다. 이제 학습자의 문장이 명시적으로 오류의 성격을 띤 상황으로 돌아갈 수 있다.

5. 첫 번째 경우는 오류의 성격을 띤 문장이 정확하게 학습자의 의도대로 해석될 때이다. 이는 가장 일반적인 상황이다. 특별히 학습자 및 학습자의 모국어와 친숙하다면, 학습자에 의해 생성된 많은 양의 오류의 성격을 띤 문장에 대해 정확하고 적절한 해석을 할 수 있다고 가정하는 것은 정당하다. 그래서 만일 독일인 학습자가 'I am waiting here since 3 o'clock'처럼 자주 since가 이끄는 시간 부사구를 미완료 형과 같이 사용하는 경우, 그때 우리가 이를 'I have been waiting here since 3 o'clock'처럼 해석할 수 있는 경우에는 틀린 재구조화를 하지 않을 것이다. 가능은 하지만 가장 개연성 없는 해석은 'I am waiting here until 3 o'clock'과 같은 것이다. 결국 문맥이 이것이 가능한 해석인지 아닌지에 대해서 틀림없이 보여줄 것이다. 다시 말해 가장 명시적으로 오류의 성격을 띤 문장은 그 문맥에서 중의적이지 않다.

6. 두 번째 가능성은 오류의 성격을 띤 문장에 부정확한 해석을 가하는 것이다. 이는 우리가 알고 있는 것보다 훨씬 자주 일어날 수 있다. 그러한 해석의 오류를 찾는 것은 어려운 일이다. 왜냐하면 적절하게 문맥에 맞는 해석을 찾았을 때, 우리는 가능성이 적은 또 다른 선택 가능한 해석을 찾지 않기 때문이다. 우리가 선택 가능한 또 다른 해석을 잘 알고 있을 때조차도, 보통의 담화에서 우리가 어떤

사람이 말하고자 하는 바를 찾아내는 것은 결코 쉬운 일이 아니다. 여기서 우리가 오류의 성격을 띤 문장에 대한 첫 번째 해석 또는 가장 유사한 해석에 항상 만족해서는 안 된다. 우리는 학습자가 의미하는 바를 찾는 데 있어 보다 긴 문맥을 설명에 끌어들여야 한다.

7. 세 번째이면서 가장 흔한 상황은 명시적으로 오류의 성격을 띤 문장이 명백히 중의적인 경우이다. 그것은 두 가지 방식 가운데 하나로 문맥에서 적절하게 설명될 수 있다.

A woman of her fifties라고 쓴 학습자가 이러한 경우에 해당한다. 물론 두 가지 해석

> A woman of fifty
> A woman in her fifties

가 문맥에서 평행하게 허용 가능하다. 모국어에 대한 고려가 이러한 경우에 도움이 될 수 있다.

8. 마지막으로 명시적으로 오류의 성격을 띤 문장이 너무 모호해서 어떠한 종류의 해석도, 모국어를 통한 설명조차도 할 수 없는 경우이다. 이러한 발화가 이 경우에 해당한다.

> If you want Indians very lovely, you will talk them

이러한 토론으로부터 끌어낼 수 있는 결론은 단순하지만 광범위한 것이다. 학습자 발화가 적형이냐 아니냐 하는 것은 단지 오류의 존재를 확립하기 위한 기준일 뿐만 아니라, 학습자의 발화에 대한 목표어의 해석이 문맥에서 적절한 것인지 아닌지에도 중요한 것이다. 오류 분석의 성공은 적합한 설명에 달려 있다. 적형이든 아니든 학습자의 모든 발화는 잠재적으로 오류의 성격을 띠고 있다. 단지 학습자가 표현하고자 한 의미에 대한 주의 깊은 관찰만이 실제 오류가 있는지 없는지를 결정하는 수단을 제공할 것이다.

05
오류 분석과 교정적 교수

응용언어학 활동의 한 분야인 오류 분석은 일반적으로 두 가지 기능을 가지고 있는 것으로 알려져 있다. 첫째는 이론적인 것이고, 둘째는 실용적인 것이다. 오류 분석에 대한 이론적인 관점은 언어 학습 과정을 관찰하는 방법론 가운데 하나이다. 이러한 심리적인 과정의 본질을 찾아내기 위해서는, 우리는 학습 과정의 특정 시기에서의 목표어에 대한 학습자의 지식을 기술하는 수단을 가지고 있어야 한다. 그것은 학습자의 지식과 학습자가 지금까지 받아온 교수와 연결시키기 위해서이다. 실용적인 관점에서의 오류 분석은 학습자와 교사를 위해 불만스러운 상황을 바로잡아야 하는 교정적 행위를 안내하는 기능이다. 여기에서 관심을 두는 부분은 오류 분석의 두 번째 기능이다. 여기서는 교정적 행위를 명시하고 계획하는 데 있어 오류 분석이 어떠한 역할을 하는지 고찰하고자 한다. 이를 위해서는 교정적 행위의 필요성이 야기되는 상황의 본질과 원인을 상세하게 분석할 필요가 있다. 이 장은 두 부분으로 나뉘어진다. 하나는 교정적 교수가 무엇을 의미하는지에 대한 토론이고, 다른 하나는 오류 분석의 본질, 범위 및 문제에 대한 토론이다. 이는 교정적 과정을 계획하는 데 있어서 오류 분석의 유용성과 한계에 대한 일반적인 결론에 이를 수 있게 해 줄 것이다.

일반적으로 지식, 기술 또는 능력과 학습자 스스로의 발견에 의해 제기된 요구가 서로 제대로 연결되지 못하거나 불균형하다는 것을 발견할 때, 교정적 행위가 필요하다고 말할 수 있다. 이러한 일반적 정의는 단지 언어 교수와 학습뿐만 아니라 인간 활동의 모든 분야에서도 그렇다. 그리고 이는 대부분 학습 상황의 정의로 이용될 수 있다. 하지만 우리는 '교정적'(remedial)이라는 용어를 특별히 우리의 계획과 기대에 반하여 일어나는 상황을 위해서만 사용할 것이다. 이러한 상황에 대한 요구는 예견할 수 없다. 만일 예견한다 하더라도 피할 수 없다. 다시 말해 이러한 상황은 언어 교수 계획자의 통제 또는, 교육 체계 안에서 정상적인 교육 과정의 통제 밖에 있다.

매일의 일상적인 경험에서, 어떤 상황이 우리가 이에 맞설 지식이나 능력을 가지고 있지 않다고 판단하는 요구를 할 것으로 예견된다면, 우리는 그러한 상황을 피한다. 하지만 언어 학습자가 어떠한 선택도 하지 못하는 경우가 많은데, 이는 교육 체계 안이나 밖에서 일어날 수 있다. 예컨대 무슨 이유에서이건 학습자 또는 학습자 집단이 그들이 받아 온 교수로부터 도움을 받지 못했을 수도 있고, 또는 준비가 되어 있지 않은 새로운 학습 상황에 접하도록 요구받을 수 있다. 또는 예컨대 학생이 자신의 대학 공부에서 또는 직업적인 일에서 외국어를 사용하도록 요구받을 때 자주 일어나는 것처럼, 학교 체계 밖에서 학습자 또는 학습자 집단은 어떤 과업에서 그 과업을 수행하기에는 학습자에게 알맞지 않은 언어 지식의 사용을 요구 받는다.

교정적 행위와 관련된 결정에서 직면하는 문제는 두 가지이다. 첫째, 어떤 특수한 경우에 교정적 처치가 요구되는지 아닌지를 결정해야만 하고, 둘째, 교정적 처치가 요구된다면 그러한 처치의 본질이 무엇인지를 결정해야만 한다. 이 두 문제를 각각 다루기로 하자.

많은 언어 사용 상황에서 학습자가 갖고 있는 지식과 상황에서의 요구 사이에 일정 정도 잘못된 연결(mismatch)이 있다는 것은 사실로 가정한다. 또한 이는 모국어 화자에게도 사실이다. 우리들 중의 누구도 자신의 언어에 대해 완전하고 완벽한 지식을 가지고 있지 않다. 우리는 언어학적으로 대처할 준비가 되어 있지 않다고 느끼기 때문에 회피하는 상황이 많이 있다. 하지만 대부분의 경우 잘못된 연결은 교정적 처치가 필요할 만큼 크지 않다. 이는 여러 상황에서 많은 언어 학습자들에게 사실이다. 그들은 그러한 상황에서 그들이 갖고 있는 지식으로 헤쳐 나갈 것이다. 이러한 수준의 잘못된 연결은 우리가 허용 가능한 정도의 잘못된 연결이라고 부르는 것으로 교정적 처치를 요구하지 않는다.

두 번째 수준의 잘못된 연결은 학습자가 상황에 적절하게 대처하기 위해 필요한 정도의 지식을 갖고 있지는 않지만, 학습을 위한 동기와 태도 같은 개인적 특성과 함께 그 상황에서 요구되는 것을 특별한 처치에 의해 또는 특별한 처지 없이도 배울 수 있는 충분한 기초 지식을 갖고 있는 경우이다. 이는 교정할 수 있는 정도의 잘못된 연결이라고 부를 수 있다. 어떤 특별한 경우에 형식적인 교정적 교수가 필요한지 아닌지를 결정하는 것은 동기, 지능, 태도 등 많은 요인에 달려 있다. 교정적 처치의 비용 대비 효율성은 다른 문제이다. 동기화가 잘 되어 있고, 지적이고, 태도도 적합한 학생이 이러한 상황에 직면할 때, 많은 학생들은 처치 없이도 꽤 효과적으로 적응할 것이다. 다른 경우, 예컨대 만일 자신감을 증진시키기 위한 것이라면, 교정적 교수가 유용할 수 있다.

세 번째 수준의 잘못된 연결은 지식과 상황에서의 요구 사이에 잘못된 연결의 정도가 너무 커서 효과적으로 교정되기가 어려운 경우이다. 이러한 경우에는 어떠한 해결책도 없으므로 학습자를 상황으로부터 이동시켜야 한다. 이는 교정 불가능한 정도의 잘못된 연결이라고 부를 수 있다. 이러한 상황은 고등학교를 졸업한 학생이 모국어 화자에 가까운 언어 지식이 요구되는 대학에서 공부하는데, 언어 지식이 표준에 훨씬 못 미칠 때 발생할 수 있다.

분명 잘못된 연결의 정도는 실제 무제한적으로 다양할 수 있다. 교정적 교수와 관련하여 직면하는 실제 문제는 어떤 특별한 경우에 존재하는 잘못된 연결의 정도를 결정하는 일이다. 그리고 여기서 우리는 심각한 어려움에 맞서야 한다. 어떻게 이것을 측정할 수 있는가? 그것은 한 언어의 화자가 다른 언어를 숙달하기 위해 학습해야만 하는 학습 양을 예측하고자 서로 다른 두 언어에 존재하는 차이의 정도를 측정하는 문제와 다르지 않다. 이 경우에 두 언어를 체계적으로 비교함으로써 차이의 정도를 측정한다. 잘못된 연결의 정도를 측정하기 위한 시도에서 언어 평가를 이용할 수 있는데, 이러한 평가는 자주 행해지고 있으며 예견적인 것으로 알려져 있다. 왜냐하면 언어 평가의 목적이 학습자가 새로운 상황을 얼마나 잘 헤쳐 나갈 것인지를 예견하는 것이기 때문이다. 하지만 이러한 평가는 양적인 것으로서 질적인 것은 아니다. 모두는 아니지만, 현재 대부분의 언어 평가는 언어 지식이 의미하는 바에 대해 제한되어 있다는 관점을 가져야만 한다. 나중에 다시 이 문제로 되돌아 올 것이다. 잘못된 연결의 정도는 학습자가 새로운 상황을 얼마나 잘 헤쳐 나가는지를 보면서 경험적으로나 실용적으로 측정된다. 또는 학습자의 자기 평가에 의해 이루어진다. 자기 평가는 학습자가 스스로 얼마나 효과적으로 새로운 상황을 헤쳐 나갈 것인지를 결정할 때 이루어진다. 이러한 자기 평가는 대개 거의 믿을 만하지 않다.

교정적 행위의 요구가 하나의 방법 또는 다른 방법에 의해 확립될 때, 그러한 행위의 본질에 대한 문제가 해결되어야 한다. 다시 말해 학습자가 상황을 헤쳐 나가기에 부족한 것이 지식인지, 기술인지, 능력인지를 결정해야 한다. 잘못된 연결의 정도는 양적인 평가인 반면, 잘못된 연결의 본질은 질적인 평가이다. 이를 진단(diagnosis)의 문제라고 부를 수 있다. 이는 학습자의 언어 지식의 본질(언어 지식의 측정이 아니라)에 대한 연구를 포함하고 있기 때문에, 본질적으로 응용언어학의 문제이다. 그리고 이는 학습자가 무엇을 알고 있고, 그가 알고 있는 것으로 무엇을 할 수 있는지에 대한 상황을 그려내는 것을 포함한다. 이는 질문에 대한 몇 가지 이론적인 대답을 요구한다. 언어 지식이 의미하는 것이 무엇인가? 교정적 교수를 위한 수많은 계획이 실패한 것은 정확히 이 지점에서이다. 왜냐하면 그것들은 상황에서의 언어학적 요구에 대한 주의 깊은 연구에 기반을 두는 대신 언어 지식의 부적절한 모델에 기초하고 있으며, 종종 단순히 이미 가르친 것을 반복하거나 또는 이미 학습된 것을 다시 가르치도록 유도하기 때문이다.

교정적 처치가 요구되는 잘못된 연결의 본질을 발견하기 위해서는 언어 지식이 무엇을 의미하는지 뿐만 아니라 상황 언어(the language of a situation)가 무엇을 의미하는지에 대한 이론적인 개념도 가지고 있어야 한다.

최근까지 상황 언어의 개념은 스타일, 언어사용역(register), 매개(medium) 등과 같은 범주로 이해되었다. 하지만 사회언어학에서의 최근의 연구는 상황 언어를 그 자체의 통사적 특이성과 어휘를 가진 특별한 기호 체계라는 의미에서 방언과 같이 의학 영어, 법률 영어처럼 독자성을 지닌 언어의 한 종류로 기술하려고 하는 것은 단지 부분적인 설명임을 지적하였다. 그리고 어떤 상황에서 적절하게 의사소통을 하기 위한 능력은 기호 체계를 소유하고 있는 것보다 더 많은 것을 포함한다고 지적하고 있다. 기호 체계를 사용하는 규칙과 발화를 기호 체계로 설명하는 규칙이 있다는 것은 이제 분명해졌기 때문에, 근본적으로 상황 언어는 발화 규칙에 대한 지식으로 불리어 온 기호 체계를 어떻게 사용하는지를 알고 있느냐의 문제이다. 이처럼 언어 지식의 보다 확장된 개념을 의사소통 능력(communicative competence)이라고 부른다. 의사소통 능력에 구조 규칙 또는 기호 체계에 대한 지식보다 언어 지식이 더 크다는 것은 교사들에게 잘 알려져 있다. 교사는 형식적인 적절성에 대한 언어 지식이 꽤 한정되어 있음에도 불구하고 매일의 수많은 언어 사용 상황에서 매우 효과적으로 자신이 알고 있는 것을 사용할 수 있는 학생을 자주 만난다. 반면 언어 기호 체계에 대해 훌륭한 지식을 가지고 있음에도 불구하고 교실 밖 세상에서 그것을 효과적으로 사용할 수 없는 학생들도 있다. 이때 상황 언어는 기호 체계 그 이상이다. 그것은 그 상황에서 언어가 가진 기능 — 언어가 그 상황에서 무엇을 위해 사용되는지 — 과 같은 것으로 분석 가능하다. 그 분석은 발화 행위의 범주 또는 의사소통 기능의 범주에 관한 것이다. 불행히도 이러한 종류의 분석은 여전히 예비적인 단계에 있다. 사회언어학 이론의 분석 도구는 아직 언어 체계 또는 기호 체계를 분석할 수 있는 도구들을 비교하는 데 있어 원시적인 수준이다. 물론 우리가 기술할 수 없는 것은 체계적으로 가르칠 수도 없다. 하지만 학습자는 우리가 가르칠 수 없는 많은 것을 배울 수 있고 실제 배운다.

이때 교정적 처치가 필요한지 아닌지에 대한 결정은 언어 지식과 상황에서의 요구 사이의 잘못된 연결 정도에 달려 있다. 반면 처치의 본질에 대한 문제는 학습자가 무엇을 알고 있는지, 무엇을 할 수 있는지, 그리고 그 상황의 의사소통 요구가 무엇인지에 관한 연구와 연관되어 있다.

교정적 처치는 이론적으로 두 방향으로 적용될 수 있다. 하나는 상황에서 요구되는 표준적인 지식을 가르치는 것이고, 다른 하나는 언어에 대한 학습자의 능력에 따라 상황에서 요구되는 지식을 가르치는 것이다. 첫 번째가 일반적인 해결책이다. 하지만 전적으로 두 번째의 가능성을 무시할 수 없다. 대개의 경우 상황을 좋게 바꾸는 기회는 우리의 능력 밖의 것이다. 상황이 비언어학적인 종류의 요구에 의해 통제된다는 것은 틀림없는 사실이다. 예컨대 우리는 항공 언어가 영어라는 사실을 바꾸는 것을 상상할 수 없다. 또한 우리가 그것을 허용한다 할지라도, 비행기 조종사에게 요구되는 영어에 대한 지식 수준을 바꾸는 것을 상상할 수 없다. 그러나 우리는 매우 엄격한 교육과정이 강제적으로 부과되는 학교 체계 안에서는 상황을 바꾸는 것을 생각해 볼 수 있다. 하지만 학습자의 동기, 지능, 태도에 내재된 다양한 변이성을 고려하지는 못한다. 교정적 처치의 필요성이 요구되는 곳은 학교인데, 우리는 거의 항상 학교가 잘못하는 것은 체계이지, 수업의 질이나 개개 학습자의 실수가 아니라고 말할 수 있다. 교육 체계 안에서 교정적 처치는 규칙적으로 요구되며, 그때 체계에 무엇인가 잘못이 있기에, 개선이 요구되는 것은 체계이지 학습자가 아니다. 이는 보다 실질적인 규범/표준을 특정 유형의 학생에게 채택하고 있음을 의미하거나 또는, 일부 하위 집단의 학생군을 위해 선택 가능한 규범/표준을 증진시킨다는 것을 의미한다. 특정 해결책은 기본적으로 다양한 하위 집단 내의 학생 수에 달려 있거나 또는, 학생군 내에서의 능력 분포에 달려 있다.

이는 교정적 교수에 대한 토론에서 종착지 — 왜? 교정적 교수가 필요한지에 대한 설명 — 로 안내한다. 일반적으로 그러한 처치를 계획하는 책임 있는 태도는, 체계를 변화시킴으로써 상황을 치료하는 것이라기보다는 문제에 직접 대처하는 것이다. 우리가 보아온 것처럼 많은 경우에 상황에 영향을 끼치는 것은 전적으로 교사의 힘 밖이다. 예컨대 그러한 예로 대학에서 보다 고급 단계의 공부를 하기 위해 일정 정도의 의사소통 능력을 필요로 하는 학생들의 경우를 들 수 있다. 우리는 대학 교수가 소수 학생들을 위해 그들의 언어적 요구를 바꿀 것이라 기대할 수 없으며, 또한 영어로 된 교재 대신에 학생들의 모국어로 교재를 새로 기술할 것이라 기대할 수 없다. 뿐만 아니라 교사가 학교 체계에서의 교수에서 특정 단일 학습자 집단의 의사소통상의 요구를 채택할 것이라 기대할 수도 없다. 예컨대 보통의 학교 체계는 영어 학습자가 상업적이거나 기술적인 영어 사용 상황에 대처하도록 훈련한다. 이러한 종류의 문제는 학교에서 가르치는 언어 교수요목이 명확하지 않고, 그 목표가 의사소통 능력이라는 일반적인 것이기 때문에 분명 피할 수 없다. 학교에서 가르치는 언어 교수요목들은 거의가 특별한 의사소통 목적을 가지고 있지 않다. 그들은 아마도 불가피하게 학습자들을 어떠한 특수한 상황이 아닌 일반적인 상황에서의 언어 사용을 훈련시킬 것이다. 학교에서의 대부분의 언어 교수가 '사용 규칙/회화 규칙'보다는 '기호 체계'를 가르치는 데 초점을 두고 있는 것은 이러한 이유(대부분의 경우에 분명한 목표 설정의 어려움) 때문이다. 그것은 학생이 요구하는 것이 무엇이든지 간에 어떠한 언어 사용 상황에도 효과적으로 대처하기 위해서는 언어의 '보편적 핵'(common core)으로 불려지는 언어 기호 체계에 대한 기본적인 지식을 가지고 있어야만 한다는 생각에 기반한다. 그것은 또한 우리의 평가 도구(예컨대 시험)가, 다른 실용적인 것들 가운데서, 단지 언어 지식의 제한된 관점만을 측정할 수 있기 때문이며, 결과적으로 평가가 실제 언어 사용 상황에서의 수행의 예언자로서 한정된 기능을 가지기 때문이다. 학습자의 언어 사용에서의 성공을 측정할 수 있는 언어 사용 상황은 없다는 것이 사실이다. 하지만 이것이 가능한 경우는 대학에서 모국어가 아닌 언어로 공부하는 학생들의 경우이다. 이러한 상황에서는 어느 정도까지 학생의 외국어로서의 소통 능력이 학문적 성공에 일정 정도 역할을 담당한다. 비록 그것이 하나의 요인으로 얼마나 크게 작용하는지는 결정할 수 없다. 하지만 만일 학생의 언어 기호 체계에 대한 지식이 평가에 의해 측정될 수 있고, 그 결과가 학문적 시험에서의 결과와 관련이 있다면, 언어 기호 체계(주 : 기호 체계의 사용이 아니라 기호 체계)에 대한 지식의 어떤 부분이 학문적 수행에 영향을 미쳤는지를 찾아낼 수 있다. 그러한 조사가 에딘버러 대학에서 수행되어, 기호 체계에 대한 학생의 지식과 그의 학문적 시험 결과 사이의 중요한 상관성이 발견된 것은 고무적인 일이다. 이는 비록 매우 정확한 것은 아닐지라도, 우리가 사용하는 언어 평가가 학생의 학문적 성공을 예견하는 데 사용될 수 있다는 것을 의미한다. 관련해서 학생들이 자신의 영어에 대한 교정적 처치를 필요로 하지 않는다는 것을 평가 결과를 기초로 했을 때 매우 잘 확인할 수 있었고, 이는 내가 앞서 언어 지식과 상황에서의 요구 사이에 '교정 불가능한 잘못된 연결'(irremediable mismatch)이라고 불러왔던 것을 보여주는 것이다. 후자의 경우 할 수 있는 것은 없고, 학생들을 대학에서 떠나보내는 것이다. 왜냐하면 종일제의 집중적이지 않은 언어 교수 과정(full time non-intensive language teaching course)을 제공하는 것을 대학의 교수 기능의 본분으로 여기지는 않기 때문이다. 다시 말해 그들에게 필요한 것은 교정적 처치가 아니라 정규 영어 과정이다.

하지만 우리는 에딘버러 대학의 평가 프로그램이 단순히 잘못된 연결의 정도를 측정하는 것임에 주목할 것이다. 이러한 잘못된 연결의 정도는 전체 외국인 학생 집단의 하위 집단 학생들에게 교정적 처치가 필요하다는 것을 인식시켜 준다. 그렇지만 그것이 교정적 처치의 본질이 무엇인지에 대해서는 말해 주지 않는다. 그렇기 때문에, 내가 말했던 것처럼, 우리는 잘못된 연결의 본질을 알 필요가 있다. 이는 의사소통 기술(技術)이라는 관점에서 학문적 학습 상황에서의 요구를 기술(記述)할 필요가 있다. 이제 이러한 분석을 연구하는 집단이 여럿 있다고 말할 수 있어서 기쁘다. 이는 또한 단지 학생의 기호 체계에 대한 지식이 아니라 언어에 대한 지식을 분석하는 기술을 필요로 한다(기호 체계에 대한 지식은 현재 우리의 평가로 측정할 수 있다.).

이제 두 번째 화제인 오류 분석으로 돌아갈 시간이다. 오류 분석을 연구하는 것은 오류 분석이 학생의 언어 지식을 평가하는 데 어느 정도까지 그리고, 어떤 상황에서 도움을 줄 수 있는지를 알기 위해서이다. 오류 분석은 고전적인 활동이면서 동시에 비교적 새로운 것이기도 하다. 고전적인 의미에서 오류 분석은 교사가 자신이 가르치고자 노력해 온 특정 언어적 지점에 학생이 도달했는지 도달하지 못했는지를 진단하기 위해 학생의 발화를 이용하는 단순히 비공식적이고 직관적인 교사의 활동이다. 다시 말해 학생의 발전 정도를 확인하고 평가하기 위한 비공식적인 수단이다. 대부분의 교사는 자신이 가르친 학생들이 만든 전형적인 유형의 오류를 완벽하게 잘 설명할 수 있다. 교사는 종종 소위 일상적인 오류라고 불려지는 유용한 목록을 작성한다. 이는 거의 항상 학생의 기호 체계에 대한 지식과 관련되어 있으며, 실제 학생의 의사소통상의 오류나 잘못과는 무관하다는 것에 주의하라. 이미 말했듯이, 이는 대부분의 교실 수업은 여전히 의사소통 능력보다는 기호 체계를 가르치는 데 초점이 맞춰져 있기 때문이며, 또한 교사가 실제 언어 사용 상황에서의 학생의 언어 수행을 관찰할 수 있는 위치에 있지 않기 때문이다. 다시 말해 대부분의 교사는 자신의 학생이 의사소통을 위해 언어를 사용해야 할 때 실제 얼마나 잘 할 것인지를 직접적인 경험으로부터 알지 못한다. 교사는 단지 추측할 수 있을 뿐이다. 보통의 평가나 시험 결과는 이에 대해 믿을 만한 정보를 제공하지 못한다. 교사는 자신의 학생들이 학습에서 겪는 주된 문제가 어디에 있는지를 알기 위해, 그리고 그들의 수업 과정 안에서의 비공식적인 교정 작업을 안내하기 위해 학생의 지식에 대한 직관적인 평가에 필연적으로 의지한다. 이는 거의 대부분 문제가 있다고 판정된 특정 부분의 언어를 재교수(re-teaching)하는 형식을 띤

다. 재교수는 단순히 동일한 방법으로 그리고 동일한 교재를 가지고 문제가 되는 지점을 다시 가르치는 것을 의미한다. 이러한 재교수는 비교적 거의 대부분 개선을 수반하지 못한다. 결국 첫 번째 교수가 요구되는 결과를 이루지 못했다면, 두 번째 교수가 이루어져야 할 분명한 이유가 없다(첫 번째 시도가 너무 성급하지 않았다면). 효과적인 교정적 교수는 학생이 겪는 어려움의 본질을 이해할 것을 요구한다. 다시 말해 너무나 자주 그렇게 해 왔던 것처럼 표면적인 방식으로 학생의 오류를 단순히 대치 오류(errors of commission), 누락 오류, 잘못된 순서 오류, 잘못된 선택 오류 등으로 분류하는 것만으로는 충분하지 않다. 오류의 원인에 대한 이해나 설명을 이끌어내기 위해서는 보다 깊이 있는 오류 분석이 필요하다. 왜 오류가 발생했는지를 알 때에만이 우리는 체계적인 방식으로 오류를 바로잡을 수 있다. 교정적 과정으로써 재교수가 비생산적인 이유는 바로 이때문이다. 오류가 첫 번째 행한 교수 방법의 결과라면, 단순한 재교수가 문제를 빨리 해결할 거라고 기대할 아무런 이유가 없다. 반면 오류가 유추적 오류처럼 학습 과정의 자연스러운 결과라면 또는, 학습자 모국어의 간섭에 의한 자연스러운 결과 ― 전이 오류 ― 라면, 그때 전자는 학습 과정에 대한 보다 깊이 있는 이해를 통해, 후자는 학습자의 모국어와 목표어와의 언어학적 비교를 통해 문제를 해결할 수 있을 것이다. 이것이 바로 언어학과 심리언어학 이론으로부터 도출된 지식이 관여하는 부분이며, 또한 오류 분석이 점점 더 응용언어학자들의 관심을 받는 이유이다. 이는 내가 서론에서 지적했듯이 오류 분석이 언어 학습 과정에 대한 통찰력을 키워주기 때문이다. 언어 학습 과정은 교정적 교수뿐만 아니라 일반적 교수에서 언어 교수 교재의 개선과 교수 방법의 개선에 직접적으로 관련되어 있다.

언어 학습자는 목표어의 체계나 또는 기호 체계를 발견하는 과업에 참여하고 있다. 이것이 응용언어학자가 문제를 보는 방식이다. 학습자는 보통 무의식적으로 자신이 이용할 수 있는 언어 자료, 다시 말해 문맥에서의 언어의 예에 기반하여 언어가 작동하는 방식에 대한 일련의 가설들을 세워 언어를 학습한다. 물론 학습자는 이러한 가설을 세울 때 교사나 교재로부터 주어진 정보나 설명을 이용한다. 그리고 가장 중요하게는 어떻게 이러한 언어 예들이 이해되고 해석되는지에 대한 문맥이나 번역으로부터 얻을 수 있는 정보가 포함된다. 하지만 필연적으로 학습자는 자료가 곧바로 정확한 가설을 세울 만큼 충분하지 않거나 또는, 언어에 대한 잘못된 정보가 제공됨으로써 틀리거나 임시적인 가설을 세울 것이다. (교사가 잘못된 정보를 준다고 생각하지는 않는다. 하지만 불완전한 정보나 모호한 정보를 줄 수 있기 때문에 아마도 학습자는 논리적으로 틀린 결론을 도출할 수 있다.) 학습자가 세운 가설은 그의 발화가 생성되는 기반이다. 필연적으로 이들 가설 중 일부는 오류의 성격을 띨 것이다. 교사는 학습자가 오류의 성격을 띤 가설을 세웠을 때 이를 지적해 주어야 한다. 그때 학생은 옛날 자료를 다시 살펴보거나 새로운 자료를 공부해서 또는, 교사에 의해 주어진 설명을 통해서 자신의 가설을 보다 적절한 형태로 다시 형식화할 것이다. 그런 후 다시 발화한다. 이때 학생의 발화는 허용 가능하거나 또는 여전히 오류의 성격을 띨 수 있다. 필요하다면 그는 자신의 가설을 다시 재형식화한다. 우리가 기대하기에 새로운 가설은 목표어의 사실에 보다 가까워질 것이다.

이러한 분석으로부터 우리는 학습자가 학습을 하는 모든 순간에 우리가 문법이라고 부를 수 있는 것, 다시 말해 문장을 만드는 규칙들의 조합을 가지고 있다는 것을 알 수 있다. 물론 중요한 것은 규칙들이 항상 목표어의 것은 아니라는 점이다. 학습자는 자신의 학습 경력의 매 순간에 William Nemser가 '근접 체계'(approximative system)(또는 달리 '중간언어'(interlanguage))라고 부른 것을 가지고 있다. 학습자 언어에 대한 응용언어학자들의 연구는 학습자의 발화 자료로부터 학습자(또는 학습자들)의 근접체계의 특성을 설명하기 위한 시도이다. 그래서 응용언어학자는 이러한 연구를 통해 어떤 특정 순간에서의 학습자의 언어를 기술하려고 한다. 이를 위해서는 당연히 목표어의 문법에 비추어 오류의 성격을 띤 발화가 아니라, 학습자의 발화 출력물 전체를 설명해야 한다. 기본적으로 이러한 작업은 유아의 모국어 학습에서 나타나는 언어나 알려지지 않은 언어를 기술하는 것과 같다. 이를 통해 지금까지 내가 학습자의 언어 지식이라고 불러왔던 것에 대한 밑그림을 그릴 수 있다. 이제 학습자의 언어 지식이 학습자가 목표어에 대해 가지고 있는 모델을 의미한다는 점이 분명해졌다. 그 모델은 여러 가지 면에서 정밀하지 않지만, 항상 완전하다. 그것은 하나의 작동 모델, 체계, 언어 체계, 문법이며, 꽤 효과적으로 의사소통 목적을 위한 발화를 생성하는 데 사용될 수 있다. 이에 대해 좀 더 분명하게 살펴보자. 학습 경력의 어느 지점에서의 학습자의 언어는 체계적이고 잠재적으로 기능적이다. 학습자 언어에 대한 응용언어학자들의 연구는 학습자가 실제 언어 사용 상황에서 자신의 체계를 얼마나 효과적으로 사용할 수 있는지에 대해 의례적인 평가가 얘기했던 것 이상으로 믿을만한 어떠한 것을 말해 주지 못한다. 다시 말해 학습자 언어에 대한 응용언어학자의 연구는 학습자의 기호 체계에 대해서만 말해준다. 즉 기호 체계를 사용하는 방법과 관련한 학습자의 지식에 대해서는 아직 흥미로운 어떤 것을 말해 주지 못한다. 반면에 우리는 이미 기호 체계에 대한 지식과 그것의 성공적인 사용 사이에 어떤 모종의 연결이 있다는 것을 보아 왔다. 이러한 토론으로부터 이끌어낼 수 있는 결론은 다음과 같다. 우리는 목표어의 기호 체계를 가르쳐야만 하기 때문에, 우리가 필요하다고 여긴다면 학습자의 학습 경력의 특정 지점에서의 학습자의 기호 체계를 기술할 수 있는 기술(記述)은 교정적 교수에 기반이 되는 상세한 정보를 제공할 것이다. 이는 목표어의 기호 체계에 대한 표준적인 기술을 찾아냈을 때, 학습자의 기호 체계와의 비교 및 차이점을 확인함으로써 이루어진다. 교정적 교수에서 학습자의 오류를 체계적인 양상으로 바로잡을 수 있는 정보를 제공하는 것은 이러한 차이점의 정확한 본질에 대한 설명이다.

이제 지금까지 말해 온 것을 요약하기로 하자. 학습자(또는 학습자 집단)의 언어 지식과 학습자가 직면한 어떤 상황에서의 언어학적 요구 사이에 불일치가 발견될 때, 교정적 교수가 필요하다. 학교 체제 안에서 이러한 상황은 '언어 학습 상황'(a situation of language learning) 또는, '언어 사용 상황'(a situation of language use)이다. 이러한 상황에서 학습자는 실제 의사소통 목적을 위해 자신이 알고 있는 것을 사용하게 될 것이다. 불일치의 정도는 얼마나 많은 교정적 교수가 필요한지 여부를 결정하며, 이는 보통 언어 평가를 통해 측정된다. 하지만 이러한 평가는 단지 언어 사용 상황에서 언어를 기능적으로 사용하기 위해 요구되는 지식의 한 부분인 언어 기호 체계에 대한 지식의 불일치 정도를 측정할 뿐이다. 하지만 그것도 언어 학습 상황을 극복하기 위해 필요한 지식의 주요한 형태이다.

이러한 불일치의 본질은 교정적 처치의 본질을 결정한다. 이는 언어 평가를 통해 적절하게 발견되지 않으며, 사용된 언어 기호 체계의 본질

뿐만 아니라 그것이 포함하고 있는 담화 기능 유형의 관점에서 언어 사용 상황을 분석하는 것이 요구된다. 오류 분석을 통한 학습자의 기호 체계에 대한 평가는 학습자의 기호 체계와 상황에서의 요구 사이의 차이의 본질을 우리에게 말해 주며, 체계적인 교정 과정의 기반이 될 수 있는 정보를 제공해 준다. 하지만 오류 분석이 아직 학습자의 의사소통 능력에 대한 분명하고 납득할 만한 밑그림을 제시하지는 못한다. 오류 분석이 학습자가 언어 학습 상황에서 어떻게 언어 수행을 하는지에 대해서는 말해 주겠지만, 특정 학습자가 언어 사용 상황에서의 요구에 어떻게 대처해 나갈 것인지를 예측하지 못한다.

마지막으로 학습자 언어에 대한 연구가 수행되기 위해서는 언어학적 지식이 요구되지만, 그러한 언어학적 지식이 현재의 교사들에게 이용 가능한 기술은 아니다. 우리는 아직 이론과 방법론 모두가 부족하기 때문에 학습자의 의사소통 능력에 대한 연구를 시작조차 못했다. 우리가 그렇게 할 수 있을 때까지, 교정적 프로그램의 디자인은 지금처럼 지극히 기초적이고, 언어 교사의 경험과, 기술, 능력에 의존하게 될 것이다.

NOTE   Paper presented at the first overseas conference of the International Association of Teachers of English as a Foreign Language held in Budapest in 1974.

중간언어의 인출

　논문의 제목에서 '중간언어'(interlanguage)라는 용어를 사용한 것은, 언어 학습자의 언어적 행동이 규칙의 지배를 받으며 그래서 원리적으로 언어학적 용어로 기술할 수 있다는 의미에서 학습자가 자신의 학습 경력의 모든 지점에서 하나의 언어를 가진다는 것을 전제하고 있다. 물론 학습자의 언어가 항상 변화하고 있다는 것, 학습자의 규칙이 끊임없이 수정을 겪고 있다는 것은 사실이며, 이것이 단지 기술의 문제를 복잡하게 하지만 학습자의 언어라는 개념은 유효하다. 학습자의 발화에 대한 연구가 오류 분석으로 잘못 유도됨으로써 기술이 복잡하다고 인식하게 하는 경향이 있다. 학습자의 언어적 행동은 학습 발달 단계의 특정 지점에서 특정 측면과는 일치하지만, 다른 측면과는 일치하지 않는다. 학습자의 언어가 의사소통의 수단으로써 풍부하지 못하고 결함이 있다는 것은 명백한 사실이다. 이러한 사실은 무엇인가 익숙한 것을 하는 새로운 방법의 개발을 기대하게 하는 것일 뿐이다.

만일 알려지지 않았거나 또는 기술되지 않은 언어로서의 학습자 언어를 연구하고자 한다면, 그때 우리는 학습자를 그의 언어의 '모국어 화자'로, 적어도 이론적으로는 유일한 모국어 화자로 간주해야만 한다. 학습자의 언어를 적어도 처음에는 다른 언어가 아닌 학습자의 언어 그 자체로 기술하려는 시도를 해야 한다. 만일 우리가 촘스키가 말했던 학습자의 문법적 언어능력(또는 내가 다른 곳에서 불러왔던 것처럼 전이적 언어능력)을 기술하는 것이라면, 그때 우리는 학습자가 언어의 문법성에 대한 '직관'을 가지고 있다는 것을 인정해야 한다. 학습자의 자기 언어의 문법성에 대한 직관은 잠정적으로 관찰 가능하다. 학습자 스스로가 자기 언어의 문법성에 대한 직관을 목표어에 대한 직관으로 여기는지 아닌지는 중요하지 않다. 물론 실제 개인 학습자에 의해 생성되는 자료가 부족하기 때문에, 보통은 언어학자가 동질적인 사회에서의 이상적인 모국어 화자의 언어 능력을 기술할 때와 같은 방식으로 동질하다고 여기는 학습자 집단으로부터 자료를 얻는다. 이러한 접근을 채택한다면, 분명히 정의에 의해 학습자 자신은 개별방언의 모국어 화자로서 비록 여느 화자들처럼 발화 실수나 필기 실수를 할 수는 있을지라도 어떠한 오류도 생성하지 않는다는 나의 제안이 타당하다. 학습자가 생산한 오류에 대해 말할 때 우리는 분명 목표어의 화자가 가지고 있는 문법성에 대한 학습자의 언어 직관을 적용하고 있다. 여기서 말하고자 하는 바는 학습자는 아직 목표어의 화자가 아니라는 점이다. 이는 한 프랑스어 화자가 오류의 성격을 띤 영어를 말한다거나, 또는 서인도의 크레올 화자가 오류의 성격을 띤 표준 영어를 말하는 것과 같다. 이러한 접근을 채택하는 데에는 타당한 실제적인 이유가 있다. 결국 학습자는 목표어의 규칙을 습득해야 하고(크레올어 화자가 표준 영어를 말하려고 노력해야 하는 것은 아니다.), 우리는 학습자의 모국어 규칙과 목표어 규칙 간의 차이점을 알고자 하며, 학습자가 아직 더 배워야 하는 것을 발견하고자 한다. 이를 통해 적절하고 교정적인 행동을 취하고, 보다 일반적으로는 이러한 지식을 교수요목과 교재를 고안하는 데 접목시키기 위하여 주어진 학습자 집단에서 학습해야 할 주요한 학습 과제들을 확인한다. 이러한 관점의 오류 분석은 응용비교언어학의 한 분야이다(그것은 대개 대조 언어학으로 불린다.).

하지만 이 문제를 좀 더 면밀히 살펴보면, 사실 응용비교언어학이 우리의 문제를 해결하지 못한다는 것을 알게 된다. 우리는 이미 대조 분석이 한 언어의 기술적(記述的)인 틀에 또 다른 언어의 기술적인 틀을 도입함으로써 만족할 만하게 추적될 수 없다는 것을 알고 있다. 하지만 공통의 기술적 틀, 즉 두 언어에 공통적이면서 비교의 방향에서는 중립적인, 범주와 관계를 구축할 것을 요구한다.

그래서 나는 오류 분석과 학습자 언어에 대한 연구 사이에 어떠한 방법론적인 차이점도 없다고 제안하고 싶다. 만일 실제 차이점이 있다면, 그 차이점은 오히려 비교되는 것 사이에 있다. 오류 분석에서는 학습자의 언어를 목표어 전체와 또는, 보다 정확히는 교수요목에 짜넣기 위해 선택된 것들과 비교한다. 반면에 언어 학습에서의 이론적인 연구에서는 가르친 것과 그 시점에서의 학습자의 지식과의 관계에 관심을 둔다. 전자는 예견적(prospective) 비교이고, 후자는 역행적(retrospective) 비교이다.

이 아이디어를 확장해 보자. 만일 학습자를 학습하는 장치로 여긴다면, 그때 우리는 그 장치를 직접적으로, 부분으로 분할해서 연구할 수 없기 때문에 장치로 들어오는 입력과 장치로부터 나오는 출력, 다시 말해 가르친 교수요목과 어떤 특정 지점에서의 학습자의 문법 능력의 관계를 비교해서 그 본질을 추론해야만 한다. (이 논문에서 논의의 초점은 문법 능력의 습득으로 제한한다. 이는 의사소통 능력에 대한 우리의 불완전한 이해 때문이다.)

만일 입력과 출력 사이에 일 대 일의 관계가 없거나 분명하지 않다면, 이는 우리에게 장치의 본질에 대해 무엇인가를 말하고 있는 것이다. 그것은 입력의 개념과 수용(intake)의 개념사이에 체계적인 구분을 해야 할 필요가 있음을 말해 준다. 학습자가 처음 학습에 노출되었을 때 곧바로 학습하는 것은 아니며, 교수요목은 해당 지점에서 학습되어야 하는 것을 미리 기술해 놓은 것일 뿐이다. 이에 대한 근거로 두 가지를 제시할 수 있다.

1. 학습자에게 제공되는 자료나 방법은 어떤 면에서든 결점이 있고, 그러한 점이 학습자가 이를 수용하는 것을 불가능하게 한다.

2. 자료가 적절한 반면, 학습자가 그것을 수용할 수 없는 경우이다. 다시 말해서, 학습자는 무엇인가 새로운 것을 학습할 수 있기 전에 어떤 것을 알아야 한다. 만일 학습자가 준비가 안 된 상태에서 학습자에게 무엇인가를 가르치려고 한다면, 그 결과는 혼란을 일으키거나 잘못된 가설을 세우게 할 것이다. 이를 잉여적인(redundant) 오류라고 부를 수 있다. 그것은 학습자가 인지적으로 자료를 어떤

방식으로 처리하게 프로그램되어 있음에도, 교사가 학습 과정을 통제하기 위한 적절한 많은 기술을 가지고 있음에도 그 프로그램을 통제하지 못하는 것과 같다. 아마 어떤 기술들은 학습자의 프로그램의 순조로운 작동을 방해할 수 있다. 또는 자료가 제시되는 순서가 학습자의 논리적인 요구와 일치하지 않아서일 수도 있다. 어떤 자료는 성급하게 제시되어서 수용되지 못하기도 하며, 또는 어떤 자료는 논리적으로 요구되어질 때 이용되지 못하기도 한다. 제시된 자료의 본질과 학습자의 문법 상태 사이의 관계를 발견하는 것은 제2언어 학습 과정 연구에서의 주된 과제 가운데 하나이다.

학습 시스템은 역동적인 것이다. 그것은 학습자와 제공된 자료 ─ 교사와 교육 자료 ─ 사이에서 일어나는 상호 작용의 과정이다. 우리가 제공하는 자료의 최적의 연쇄를 알지 못하기 때문에, 특정 자료의 노출이 학습자의 문법 상태에 어떠한 효과를 일으켰는지를 발견하기 위해서는 정기적이고 지속적으로 학습자의 문법에 대해 확인할 필요가 있다. 이러한 방법에 의해 결국에는 특정 학습자 또는 학습자 집단을 위한 최적의 논리적인 자료 연쇄를 발견할 수 있다. 학습자가 언어(학습자가 가지고 있는 자신의 모국어와 다른 어떤 언어)에 대해 이미 알고 있는 것은 학습 장치 그 자체의 부분이기 때문에 이러한 조건이 만들어질 필요가 있다. 그때 우리가 필요로 하는 것은 특정 교수요목에 노출된 학습자(통제된 학습자) 또는 어떠한 교수요목에도 노출되지 않은 학습자(통제되지 않은 학습자)에 대한 종단적인 연구이다. 후자의 경우는 유아의 언어 습득에 대한 관찰과 유사하다. 차이점은 어떠한 교수요목에도 노출되지 않은 학습자의 경우에는 학습 장치에 입력되는 잠재적인 입력이 무엇인지에 대해 현재로는 아무런 아이디어도 가지고 있지 않다는 점이다. 연구해야 할 자료가 무엇인지가 우리가 직면한 기술적(記述的)인 문제이다.

언어학자는 알려지지 않은 언어를 기술하고자 할 때 문어 자료(textual data)와 직관적(intuitional)인 자료 두 가지를 이용한다. 이들 자료는 관찰적 타당성과 기술적 타당성이라는 두 층위의 타당성과 관련되어 있다. 문어 자료에만 기초한 기술은 관찰적 타당성 이상을 획득할 수 없다. 우리가 알고 있는 것처럼 관찰적으로 타당한 문어 말뭉치의 수는 무제한적이다. 기술적으로 타당한 문법이 되기 위해서는 모국어 화자의 직관과 일치해야만 한다. 오류 분석은 문어 자료에 기초하고 있으며, 그래서 적어도 이론적으로는 관찰적 타당성 이상을 획득할 수 없다. 하지만 실제 오류 분석은 대개 학생의 언어적 발달에 상당한 직관을 가지고 있으며 학생의 모국어와 목표어의 이중 언어 화자인 교사에 의해 수행된다. 그래서 교사는 자신의 경력의 어떤 지점에서 실제로 학생이 가진 중간언어의 모국어 화자가 된다. 그렇기 때문에 교사는 보통 자신의 모국어를 기술하고 있을 때 의식적으로 또는 무의식적으로 자신의 모국어 직관을 사용하는 언어학자와 유사한 위치에 있다. 이러한 이유 때문에 대부분의 오류 분석은 암묵적으로 상당한 양의 직관적 자료를 혼합한다. 대부분의 교사는 학생이 무엇을 허용 가능한 또는 허용 불가능한 형으로 여길 것인지, 학생들이 무엇을 좋은 바꿔쓰기로 여길 것인지, 그리고 문장들을 어떤 방식으로 이해할 것인지에 대해 꽤 잘 예측할 수 있다. 비록 학생들 발화의 상당한 부분이 표면적으로 목표어의 문법에 적형인지 아닌지에 대해 잠재적으로 모호함에도, 오류 분석가들은 자신의 학생들의 발화를 설명하는 데 상당한 자신감을 갖고 있는 것에서 이를 알 수 있다. 분석가는 자신의 학생의 언어에 대해 가지고 있는 직관 때문에 이러한 모호성을 종종 쉽게 간과한다.

그럼에도 불구하고 언어학적으로 정교한 모국어 화자의 직관조차도 항상 쉽게 이용할 수 있는 것은 아니다. 그래서 우리는 학습자 언어의 고찰에서 직관적 자료에 문어 자료를 보충할 필요가 있고, 이러한 자료들을 고찰하는 체계적인 방법을 고안할 필요가 있다.

여기에는 보다 깊은 이유가 있다. 문어 자료는 학습자 언어의 전형적인 샘플로 인정될 수 없다. 문어 자료의 부족은 별 문제라 하더라도, 일단 샘플이 편향된다. 이는 외적 제약과 내적 제약이라는 두 가지 방향에서 발생한다. 외적 제약으로는, 우리가 보통 연구하는 문어 자료는 자연스러운 의사소통의 필요성에 의해 학습자가 생성한 자발적인 언어가 아니라, 제한된 주제, 제한된 기능, 제한된 시간 등 예컨대, 자유 작문, 유도된 작문, 다른 형식으로 말하기 등과 같은 다양한 인위적인 제약이 부가된 교실 상황에서 연습으로 만들어진 산물이라는 사실이다.

내적 제약으로는 학습자는 옳고 그름에 대해 가장 자신이 있는 자신의 지식의 관점에 의해서 자신의 실제 이야깃거리를 선택함으로써 학습자 스스로 우리가 연구하는 자료에 제약을 둘 것이다. 우리가 샘플로 이용하고 있는 것은 과업에 의해 선택된 것과 학습자가 우리에게 보여주기 위해 선택한 것이다. 실제 의사소통이 요구되는 상황(형식적인 교수 상황에서는 매우 드물다.)을 제외하고는 학습자는 신중을 기할 것이다. 그는 자신의 언어능력을 그대로 드러내지 않을 것이다.

그래서 우리는 이러한 샘플링의 편향성을 바로잡을 수 있는 기술이 필요하다. 이러한 기술은 학습자의 중간언어 — 교사가 부여한 공식적인 과업이 학습자에게 드러내도록 요구하지 않은, 그리고 학습자가 교사에게 자발적으로 드러내려고 하지 않은 — 에 대한 정보를 밝혀줄 수 있을 것이다. 우리는 학습자에게 상황을 제공해 주어야 한다.

이는 평가와 시험의 기능이라고 생각할 수 있지만 그렇지 않다. 전통적인 에세이 유형의 시험은 학습자가 자신의 언어를 자유롭게 선택하도록 하며, 그래서 공식적인 연습 자료(material)보다 더 많이 자신의 언어를 드러낸다. 그리고 평가는 대개 학습자가 목표어에서 무엇을 알고 있는지를 평가하거나 적어도 학습자에게 가르친 부분을 평가하도록 고안된다. 평가의 주요한 결점은 우리의 관점에서 볼 때 잘못된 질문인 '학습자가 목표어의 이러한 또는 저러한 범주를 알고 있는가?', '학습자가 목표어의 이러한 또는 저러한 과정을 수행할 수 있는가?'와 같은 것을 묻는다는 것이다. 객관성 판단이나 통계적인 처리에 대한 질문은 '예/아니오' 유형이다. 평가는 '학습자가 무엇을 알고 있는가?', '학습자가 사용하고 있는 규칙이 무엇이고, 그가 운용하고 있는 체계와 범주는 무엇인가?'와 같은 것을 묻기 위해 고안된 것이 아니다. 학습자가 목표어의 기능을 수행할 수 있는지 없는지를 아는 것은 아마도 능력 사정(査定), 선발(selection) 또는 배치(placement)를 위해서는 유용하겠지만, 우리는 기술적(記述的)인 목적을 위해서 학습자가 사용하는 실제 규칙이 무엇인지를 알고자 한다. 물론 때때로 우리는 우연히 평가 결과를 통해 학습자의 체계를 추론할 수 있지만, 그것이 곧 평가가 드러내고자 한 바는 아니다. 왜냐하면 평가의 형식은 수험자가 정확한 목표어를 선택하기 위해 많은 틀린 형 또는 오답지에 반응하도록 요구하기 때문이다. 평가를 통해 학습자 언어의 본질에 대해 무엇인가를 추론할 수 있는지 없는지는 결정적으로 정답지와 함께 제시되는 오답지의 특성에 달려 있다. 만일 평가가 고안되는 단계에서 학습자에 의해 만들어진 오류 연구에 기초해서 오답지가 만들어진다면, 그때 수험자가 반응한 방식은 수험자의 직관에 대한 무엇인가를 드러내 준다. 하지만 만일 평가 설계자의 목표가 단순히 학습자가 정확한 형을 인지할 수 있는지 없는지를 찾기 위한 것이었다면, 그러한 오답지를 학습자 오류에 기반하여 구성해야 할 이론적인 이유는 없다. 게다가 만일 평가가 다른 모국어를 가진 학습자를 대상으로 만들어진 것이라면, 그때 그것은 어떠한 방식으로든 학습자의 오류에 기초를 둔 것일 수 없다. 결국 오답지는 순수히 목표어의 기술에 기초해서 고안될 수밖에 없다. 비록 오답지가 종종 학습자의 발화 목록에서 자주 선택되긴 하지만 반드시 그런 것은 아니다. 만약 학습자에게 허용이 된다면, 학습자가 자신의 중간언어 문법에 의해서 생성될 수 있는 게 그 안에 없기 때문에 제시된 양자택일 모두를 거부하기를 원하는 평가 항목을 생각할 수 있다. 이는 유아의 문법이 성인 언어의 형태를 생성하지 않기 때문에, 유아가 모방에 의해 제공된 성인 언어의 형태를 거부하는 경우와 비슷하다.

학습자 집단의 언어에 대한 일반적 진술을 하기를 원하지 않는다면, 비록 인출(引出) 절차(elicitation procedure)가 평가의 형식을 가지긴 하지만 그것이 그래야만 하는 것은 아니며, 통계적 절차를 포함할 필요도 없다. 인출 절차는 학습자가 어떤 형태의 문법적 허용 가능성에 대해 판단하도록 하는 어떤 절차 또는, 학습자로 하여금 언어적 응답을 생성하도록 야기하는 어떤 절차이다. 학습자의 판단과 응답이 학습자의 중간언어 문법에 기반해 있을 수 있다는 것은 분명하다. 달리 말하자면 학습자는 '그것은 모국어 화자가 사용하는 형태이지만 나는 대신에 이 형태를 사용한다'고 말할 수 있다.

인출 절차는 학습자 언어의 특별한 무엇인가를 발견하기 위해 사용되며, 학습자가 자유롭게 대화하는 것을 얻기 위해 사용되지는 않는다. 이를 위해서는 학습자에 대한 제약이 있어야만 한다. 그래서 학습자는 아주 제약된 자신의 음운, 어휘, 통사적 능력 안에서 선택을 강요받는다. 이러한 제약은 두 가지 방식으로 적용될 수 있다. 공식적인 평가에서처럼, 첫째는 통제된 항목 인식 평가에서처럼 가능한 선택의 영역을 제한하는 방식이고, 둘째는 결론이 열려 있는 작문 평가에서처럼 문맥적으로 가능한 자유 선택의 영역을 제약하는 방식이다. 하지만 선택과 판단의 영역 및 특성, 그리고 문맥 선택은 목표어의 기술에 기초하지 않고, 학습자의 중간언어로 알려진 (하지만 제약된) 것에 기초한다. 이 점이 평가와 인출 절차의 중요한 차이점 가운데 하나이다. 그래서 예컨대 인식 절차 (recognition procedure)에서 그 선택은 학습자가 그 단계에서 알게 된 것, 믿게 된 것, 또는 할 것으로 예측되는 것에 기초할 것이다. 생산적인 인출 연습을 위한 문맥은 학습자가 이미 생성해 냈거나 그러한 문맥에서 생성할 것으로 예측될 수 있는 어휘 항목이나 통사적인 형식을 이끌어내도록 선택될 것이다.

그래서 인출 절차에서 연구자에 의해 발견된 정보를 실제로 이끌어내기 위해서는, 연구자가 학습자의 중간언어의 가능한 특성에 대한 예감이나 가설을 가지고 있어야만 한다는 것은 분명하다. 그렇지 않다면 단지 어둠 속에서 활을 쏘고 있는 격이 될 것이다.

 연구자는 이러한 예감들을 어디에서 얻는 것일까? 만일 연구자가 학습자의 교사라면, 그는 경험으로부터 충분한 양의 예감을 가질 것이다. 교사는 자기 학생의 중간언어 화자라고 (비록 그가 분개하여 이를 거부할 수 있을지라도) 앞에서 말한 바 있다. 하지만 교사가 언어학적으로 훈련되지 않았다면, 이러한 예감들은 비체계적이거나 체계적으로 조직화될 수 없다. 또한 교사가 자신의 특별한 지식과 직관을 체계적으로 조직화하기 위해서는 일반적인 모델의 언어 구조를 가지고 있어야만 한다.

 하지만 주된 그리고 언어학적으로 가장 특징적인 학습자 언어에 대한 개념은 앞서 언급된 두 개의 체계적인 기법 – 오류 분석과 대조 분석으로부터 도출될 것이다. 이들은 서로 상보적이다. 대조 분석의 역할은 이제 점점 예언적이기보다는 설명적인 것으로 보인다. 물론 비록 언어 전이 외에 다른 설명이 있긴 하지만, 현재 우리의 학습자 언어에 대한 설명은 대조분석에 크게 기대고 있다.

 앞서 보았듯이 이론적으로 문어 말뭉치 분석은 단순히 관찰적으로 적절한 설명, 다시 말해 무엇이 일어나고 있는지에 대한 그만그만한 많은 개연성 있는 가설들을 양산할 뿐이다. 가장 개연성 있는 가설의 선택, 다시 말해 기술적으로 가장 타당한 설명은 대조 분석의 기능이다. 논리적으로, 체계적인 인출 절차를 고안하는 것이 이용할 수 있는 자료 안에서 학습자 언어에 대해 설명력 있는 연구를 끝내는 것에 선행하는 것이 아니라 후행해야 하는 이유가 여기에 있다. 자료가 충분하지 않을 때(거의 항상 그렇다) 우리는 대조 분석의 예측적인 역할에 의지하게 된다.

학습자 언어 조사에는 논리적으로 연속적인 절차가 있다. 먼저, 교수 경험의 예감을 더한 학습자의 문어적 출력에 대한 연구를 통해 우리는 모국어와 목표어의 비교에 기초하여 선택된 것 가운데 아마도 가장 정확한, 학습자 문법에 대한 부분적이고 임시적인 가설을 세운다. 임시적인 가설은 일련의 인출 절차에 의한 실험적 근거 및 논박을 통해 학습자 언어의 본질에 대한 일련의 구체적인 가설을 낳는다.

이제 이 절차들을 좀더 상세히 보자. 물론 제보자로부터 자료를 이끌어내는 새로운 방법은 전혀 없다. 언어학자가 기술하고 있는 언어의 원어민 제보자(native informants)를 대상으로 연구할 때처럼, 제보자로부터 자료를 이끌어내는 방법은 항상 기술 언어학적 연구 방법론의 한 부분을 형성해 왔다. 우리는 이러한 많은 기법들을 빌어 우리 연구에 적용할 수 있다. 또한 우리는 어린이의 언어 습득 연구에서의 인출 기법들을 연구하는 데 관심을 가질 것이다. 하지만 이들 세 가지 조사는 여러 방식에서 다르게 제약되는데, 그것은 제보자나 피험자가 갖고 있는 지식과 정교함에 달려 있다. 인출 절차에서 제보자에게 요구되는 것으로는 첫째, 제보자는 자신에게 제시되는 형태의 허용 가능성에 대한 판단을 할 수 있어야만 한다. 제보자는 또한 유의어, 모순된 말, 함의, 그리고 자신에게 제시되는 문장들 간의 다른 관계에 대해서도 판단할 수 있어야 한다. 제2언어 학습자나 모국어 제보자는 이를 할 수 있지만, 유아는 적어도 직접적으로는 불가능하다.(그래서 어린이 언어를 연구하는 경우에는 그러한 판단을 인출하기 위한 직접적인 방법을 고안해야만 한다.) 둘째, 언어 형태에 대한 타당성 있는 설명을 하기 위해서는 번역에 준하는 능력이 필요하다(비언어적인 행동적 증거에 의존하지 않는다면). 정의에 따르면, 제2언어 학습자는 모국어와 목표어 둘 다의 원어민 화자이기 때문에 타당성 있는 설명을 제공할 수 있다. 하지만 모국어 제보자는 그렇게 할 수도 있고 하지 못할 수도 있는데, 그것은 그가 완전한 이중언어 화자이냐 아니냐에 달려 있다. 셋째, 인출 연습에서 주어진 교수 내용을 이해하기 위해서는 언어학적 메타언어가 거의 필수적으로 요구된다. 하지만 보다 중요하게 메타언어는 제보자의 자기 반성 또는 자기 언어의 특성에 — 범주와 체계 — 대한 직관을 기록하기 위해 필요하다. 대부분의 제2언어 학습자는 그러한 메타언어를 언어 교수의 부산물로 획득한다. 이는 분명 유아의 경우에는 그렇지 않다. 모국어 화자인 제보자는 그러한 메타언어를 가지고 있을 수도 가지고 있지 않을 수도 있다. 공식적인 교육을 받지 않은 사람들에게서만 발화된 모호한 언어에 대한 연구 사례에서는, 그들이 메타언어를 가지고 있지 않은 것으로 보인다.

　모국어 제보자와 제2언어 학습자, 유아의 차이를 아래 표와 같이 요약할 수 있다.

	허용 가능성에 대한 판단	타당한 설명	메타언어적 설명
유아	−	−	−
원어민 제보자	+	(+) −	(+) −
언어 학습자	+	+	(−) +

　이러한 분석으로부터 학습자 언어를 조사하는 사람은 인출 절차를 사용하는 데 꽤 유리한 위치에 있다는 것을 알 수 있다. 정의에 의하면,

그의 제보자는 완전한 이중언어 화자이고, 허용 가능성에 대한 판단을 의사소통할 수 있으며, 대개는 자신의 중간언어에 대한 직관을 메타언어를 통해 보고하기에 충분한 감각을 갖추고 있다.

이제 나의 의견을 요약하면서 결론을 내리고자 한다. 제2언어 학습 과정에 대해 무엇인가를 발견하기 위해서는 학습자 언어에 대한 종단적인 연구 — 학습자의 언어적 발달과 학습자에 의해 만들어진 자료를 관련시키는 — 가 이루어질 필요가 있다. 이는 학습자의 중간언어에 대한 연속적인 기술을 구축하는 것을 의미한다. 이러한 기술의 기초가 되는 자료는 무엇보다도 학습자에 의해 발화된 말(문어 자료)이다. 하지만 이는 자료의 생성에 가해지는 내적, 외적 제약 때문에 양적인 면에서 너무 적어서 아마 학습자 언어의 전형적인 샘플은 아니다. 하지만 그것은 학습자 언어의 본질에 대한 유용한 가설을 제공한다. 이러한 가설들은 대조 분석에 의해 또는, 학습자 자신의 언어에 대한 직관 — 직관적 자료 — 에 접근하는 인출 절차에 의해 설명적인 재수정을 요구받고, 그리고 최종적으로 유효하게 된다. 언어 학습자는 유아 또는 알려지지 않은 언어의 모국어 화자와 비교했을 때 이러한 실험의 특별히 선호되는 피험자로 보인다.

07

중간언어 연구

제2언어 학습 과정에서 학습자는 그들이 배우는 언어에서 일반적으로 허용되는 언어 규칙으로 판단할 때 비문법적이거나 부적합한 발화를 생성할 것이다. 물론 이는 교사뿐만 아니라 그들과 접촉하는 목표어의 어떤 모국어 화자도 분명히 그렇다. 우리가 특별히 외국인으로부터 자신의 발화를 교정해 달라는 요구를 받지 않는다면, 외국인이 자신의 언어를 우리의 언어로 여기는 발화에서 나타나는 오류를 교정하는 것이 사회 일반적으로 허용되지는 않는다. 하지만 그것은 언어를 가르치는 교실에서 교사의 가장 중요한 업무 중의 하나이다. 그리고 언제 교정이 필요한지를 결정하고, 학습자가 가장 신속하게 목표어의 정확한 형식을 습득하도록 도와줄 수 있게 교정적 처치를 하는 것은 교사의 세련된 기술의 한 부분이다.

교사가 학습자에 의해 만들어진 오류를 판단하는 방법에는 여러 가지가 있다. 교사는 오류를 유감스럽지만 피할 수 없는 불완전한 인간 능력의 신호, 예컨대 학습자의 주의 부족이나 기억 용량의 부족으로 여기거나 또는, 만일 교사가 굉장히 겸손하다면, 자기 수업의 불충분함으로 여길 것이다. 그러한 경우에 오류는 문제가 되는 지점의 재교수에 의해 다루어질 것이다. 재교수에서는 처음에 적용했던 것과 같은 교수 절차와 교재가 사용된다. 다시 말해 오류가 발생하는 것은 학습자 차원에서는 충분한 노력이 없어서, 교사 차원에서는 충분한 설명이나 훈련이 없어서이다. 하지만 둘 중 어느 것도 오류의 본질을 분석하는 데 있어 시사점이 없다. 왜냐하면 보다 크고 반복된 노력이 오류를 교정할 것이기 때문이다. 그것은 단지 우연한 결과이다. 만일 교수-학습이 최대로 효율적이라면, 오류는 일어나지 않을 것이다.

오류에 대한 또 다른 태도는 그것이 모두 학습 과정에서 모국어의 영향 즉, 제1언어의 습관으로부터의 간섭의 결과라는 것이다. 많은 학습자들이 목표어를 자신의 모국어로 쓰거나 말하려고 함으로써 생성되는 형식들의 의심의 여지가 없는 유사성은 언어 간 유사성과 차이점을 고찰하는 많은 연구를 이끌어 냈다. 그래서 학습자 오류는 단지 그것이 일어났을 때 설명될 수 있는 것이 아니라 그것이 일어나기 전에 예측될 수 있고, 그래서 적합한 교수 기법으로 오류가 일어나는 것을 막을 수 있다. 하지만 학습자는 여전히 오류를 범하고 있고, 오류들 가운데 상당수는 더 이상 모국어 자질과 어떤 분명한 연관을 가지고 있지 않다는 것을 인식하게 되었다. 그래서 오류를 바라보는 또 다른 방식이 나타났다. 오류는 학습자가 학습 과업을 어떻게 구성하는지에 대한 그리고, 학습자에게 노출되어 있고 반응하도록 요구받는 목표어 자료를 다루는 어떤 감각에 대한 유용한 증거이다. 이러한 접근에서는 오류를 범하는 것이 필연적이고, 실제 학습 과정에서 필요한 부분으로 여겨진다. 오류를 연구함으로써 교사는 어떤 특정 시점에서의 학습자의 지식 상태에 대한 통찰력과, 학습자가 사용하고 있을 것으로 보이는 학습 전략에 대한 통찰력을 얻을 수 있다. 이러한 이해를 통해 교사는 적절한 교정 방법을 고안하는 데 있어 더 나은 위치에 있게 될 것이다. 하지만 후자의 접근은 분명 학습자 오류가 어떤 의미에서 체계적이고 무작위적이지 않다는 것을 가정하는 반면에, 교사가 오류에서 배우는 것은 아무 것도 없게 된다. 만일 학습자 오류가 체계적이라면, 그때 학습자 자신의 특유한 목표어의 버전 (version)은 체계적인 지식에 또는, 촘스키의 용어에 따르면 개인적인 언어능력에 기초하고 있어야만 한다. 다시 말해 학습자는 다소간 자신의 발화의 기반이 되는 명확한 개인적 문법을 가지고 있어야 한다. 만일 그렇다면, 모국어 화자의 언어능력이 규칙의 지배를 받는다고 말할 수 있는 것처럼 평행하게 학습자의 언어수행도 규칙의 지배를 받는다고 말할 수 있다. 최근에는 제2언어 학습 과정의 어떤 특정 단계에서의 학습자 발화에 대한 피상적인 연구에서조차도 학습자 오류가 상당한 정도로 규칙적이고 일관적이라는 것을 보여준다. 실제로 경험이 많은 교사는 어떤 특정 집단의 학습자들이 학습 과정의 다음 단계에서 어떤 오류를 범하게 될 것인지를 꽤 정확하게 예측할 수 있다. 하지만 이러한 오류의 발생을 막으려고 하는 것은 힘들다. 제2언어에서 학습자의 언어 수행이 구조적으로 체계적인 까닭에, 우리는 학습 경력의 어떤 특정 지점에서 학습자가 한 언어를 가지고 있다고 말할 수 있다. 비록 그 언어가 특이하다고 할지라도. Selinker(1972)는 이러한 목표어의 학습자 버전을 중간언어

(interlanguage)라고 명명하였다. 이 이름은 최근 응용언어학자들 사이에 가장 널리 통용되고 있다.

중간언어 연구는 언어 학습자의 언어 체계에 대한 연구 또는, 단순히 언어 학습자의 언어에 대한 연구이다. 학습자 언어에 대해 다른 이름이 제안되기도 하였다. James는 interlingua를, Nemser는 근접체계(approximative systems)를 제안하였다. 나는 학습자의 전이적 언어능력(transitional competence)으로 써 왔다. 이러한 용어들 각각은 현상의 다른 관점에 주목한 것이다. 중간언어와 interlingua라는 용어는 학습자가 목표어와 학습자가 알고 있는 다른 언어 — 대부분은 자신의 모국어 — 양 쪽의 체계적인 특성을 보여줄 것이라고 제안한다. 다시 말해 학습자의 체계는 섞여 있는 것이거나 또는 중간적인 것이다. 이는 언어 학습자의 언어에서 변이의 범위를 강조한 것이다. 반면 '근접체계'라는 용어는 목표어 체계를 향한 학습자 언어의 목표 지향의 발전을 강조한 것이다. 내가 제안한 '전이적 언어능력'은 촘스키로부터 언어능력의 개념을 차용한 것으로, 학습자가 지속적으로 발전하고 있는 어떤 지식을 가지고 있다는 점을 강조한 것이다. 이러한 지식은 학습자가 만들어 내는 담화의 기반이 되며, 이를 탐구하는 것이 응용언어학의 임무이다.

인간 언어의 현상 — 순수 언어학이 설명하고자 하는 목표인 구조적인 특성 — 은 사람들의 인식 속에서, 세상에서 발견되는 사회적으로 제도화 되고, 기술되고, 이름 붙여진 다양한 언어 체계 속에서 구체적인 형식의 무수한 변이형으로 실현된다. 그래서 언어는 인간 언어 현상들의 개개의 특유한 발현이다. 이러한 다른 발현들을 기술하고 비교함으로써 언어학 자는 모든 인간 언어의 기본적인 특성 — 보편성 — 이 무엇인지를 발견하고자 한다. 유사하게 중간언어의 현상도 다양한 형식으로 드러난다. 언어학은 전통적으로 특정 언어의 모국어 화자의 개인적인 버전으로서의 특유한 표현, 다시 말해 개인방언 또는 소쉬르의 용어로 빠롤(parole)과 관련되어 있다기보다는 인간 언어의 제도화된 관계, 다시 말해 소쉬르의 용어로 '랑그'(langues)와 관련되어 있다. 하지만 중간언어 현상에 대한 연구에서는 적어도 최근까지는 그렇지 않다. 그 이유는 꽤 분명하다. 개별 학습자 또는 학습자 그룹의 근접체계 또는 개별 문법을 기술하는 이론적이고 방법론적인 문제를 극복하기 전까지는, 우리는 중간언어 현상에 대한 일반화를 확고히 할 만한 위치에 있지 않다. 다시 말해 우리는 중간언어 연구의 출발점으로써 소쉬르의 이론적 틀을 이용할 수 없다. 제도화는 언어 사회에서 허용되는 행동 규범을 확립하고, 어쨌든 개인방언을 변이성의 경계 안에서 유지되게 하는 효과가 있다. 언어가 한 사회 내에서 의사소통의 수단으로써 역할하기 위해서는 제도화가 반드시 필요하다. 하지만 중간언어는 그들 화자들 간에 규칙적인 의사소통을 위해서는 거의 사용되지 않는다. 중간언어는 제도화된 언어 표현이 아니다. 그래서 중간언어는 표준을 만들지 않는다. 실제 중간언어 화자가 암묵적으로 받아들이고 목표로 하는 표준은 목표어의 것이다. 그래서 근접적인 중간언어 체계는 불안정하다. 근접체계에 대한 조사는 어린이의 언어 습득 연구에서 발견되는 것과 다르지 않은 특이한 이론적 및 방법론적인 문제를 보여주는데, 그것은 근접체계의 역동성 때문이다.

중요한 이론적인 문제는 언어학 이론이 전통적으로 안정되고, 제도화된, 그래서 비교적 잘 규정된 발현들의 기술을 위해 발전되어 왔다는 점이다. 물론 언어 체계가 시간에 따라 변화하지만, 유아나 제2언어 학습자의 언어 체계 발전에서 나타나는 변화의 속도와 비교할 때 그 변화가 비교적 느리다는 것은 사실이다. 언어학 이론은 안정된 상태 또는 언어 상태의 연속을 가정함으로써 변화를 기술하는 문제에 대처하고 있다. 이러한 단순화된 가정은 완만한 변화의 문제를 다룰 때 작은 성과를 얻을 수 있지만, 급격한 변화의 과정에 적용될 때는 특별한 문제를 유발한다. 이러한 환경에서 자료는 전형적으로 언어학자가 정상적으로 다루는 자료에서는 발견되지 않는 불연속성이나 또는 규칙성의 부족을 보인다. 이러한 이유 때문에 중간언어 현상에 적용되는 '체계적'이라는 용어의 적절성에 의심을 품는 연구자들이 있다. 나는 많은 명백한 불연속성은 우리가 자료를 기술하기 위해 사용해 온 이론적인 모델의 인공물이라고 제안한다. 다시 말해 학습자의 근접 체계는 하나의 분리된 상태에서 다음 상태로 전환된다기보다는 각각의 상태가 서로 점진적으로 병합된다.

이러한 이론적인 어려움은 자료를 수집하는 방법론적인 어려움에 의해 발생한다. 적어도 공식적인 교수 상황에서, 사실 언어 학습자는 조사자가 연구할 만큼의 많은 자료를 자발적으로 생성하지는 않는다. 이는 어느 정도까지는 유아의 언어에서도 마찬가지이다. 하지만 유아의 발화로부터 도출된 자료와 달리 학습자에 의해 만들어진 자료는 꽤 제한되고 특수한 언어 사용으로부터 도출된다. 교실에서는 학습자가 '자연스럽고'(normal) '진정한'(authentic) 의사소통 목적을 위해서 자신의 중간언어를 사용하는 경우는 드물다. 교실에서 생성되는 중간언어 자료의 많은 부분은 공식적인 연습의 결과에 의한 것인데, 테니스를 치기 위해 테니스의 타법을 연습하는 것과 마찬가지로 그러한 연습은 의사소통 상황에서 자발적인 언어 사용을 위한 것이다. 실제로 목표어 환경의 교실에서 이루어지는 것은 언어 사용이라고 부를 수 없다. 교실에서 특화된 언어적 활동의 결과로써 만들어진 언어 자료가 우리에게 학습자의 어떤 특정 학습 단계에서의 지식을 적절하게 설명해 주는 자료의 전형적인 샘플을 제공하지 않는다고 가정하는 것은 그럴 만한 이유가 있다. 의사소통을 시도할 때 전형적으로 학습자는 자발적인 발화에서 연습 발화에서와는 다른 종류의 오류를 만들어낸다. 학습자들은 두 종류의 다른 규칙을 운용하는 것으로 보인다. Widdowson은 이를 '사용 규칙'(rules of use)과 '관습 규칙'(rules of usage)이라고 말한다. 학습자가 실제 의사소통을 할 때의 발화를 설명해야 하는 것은 이러한 이유 때문이다. 하지만 이러한 실제 의사소통은 슬프게도 교실에서는 거의 일어나지 않는다. 이러한 사실로 인해 최근에는 두 가지 경향성이 나타난다. 그 하나는, 비공식적인 언어 학습이나 사용 상황에 있는 학습자의 연구에 대한 관심이 증대되어 왔다는 것이다. 다른 하나는, 기능적으로 제약된 교실에서의 학습자의 발화를 추론하여 학습자의 지식을 포착하기보다는 학습자의 지식을 보다 직접적으로 포착할 수 있는 기술을 고안하는 데 관심이 증대되어 왔다는 것이다. 이러한 기술들은 다양한 종류의 인출 절차의 형식들을 포함한다. 그것들은 학습자에게 다양한 유형의 시험에 반응하게 함으로써 학습자 자신이 알고 있는 것, 다시 말해 학습자의 전이적 언어능력 또는 근접체계를 드러내도록 하는 목표를 가지고 있다. 물론 이러한 인출 절차는 목표어 체계에 대한 학습자의 지식을 측정하기 위해 고안된 평가와는 그 형식이나 의도에서 다르다. 인출 절차의 목표는 기술적이며 평가적이지 않다.

인출은 언어학자가 현장에서 모국어를 구사하는 제보자와 함께 연구하는 것과 유사한 기술이다. 인출에는 두 가지 형식이 있다. 하나는 어떤 종류의 자료를 생성하는 제보자를 구하는 것이고, 다른 하나는 언어학자가 그 순간에 관심이 있는 어떤 자질을 담고 있는 자료를 생성하는 제보자를 구하는 것이다. 첫 번째 종류의 인출은 조사자가 자신이 관찰하고 있는 언어의 본질에 대해 아직 어떤 적형의 가설을 가지고 있지 않고, 단순히 연구를 시작하기 위한 1차 자료를 원하는 경우에 이용된다. 두 번째 유형의 인출은 면밀히 통제된 절차이다. 이 경우 언어학자는 이미 자신이 기술하고 있고 테스트하기를 원하는 언어 체계에 대해 어떤 예비적인 가설을 가지고 있다. 중간언어 연구에서, 첫 번째 유형의 조사는 종종 '오류 분석'이라고 불리는 것과 일치하며, 교실 안이나 밖에서 학습자에 의해 인출된 자료에 의해 수행된다. 이러한 예비적인 분석의 기초 위에서 조사자는 학습자의 근접 체계의 가능한 본질에 대한 특별한 가설을 세우고, 통제된 인출 절차를 통해 그것을 평가하고자 한다.

우리가 이러한 두 유형의 조사 방법을 각각 치료적(clinical), 실험적(experimental)이라고 부른다. 그것들은 언어학자가 개개의 특유한 언어 ― 어린이 언어, 중간언어 또는 제도화된 언어 ― 의 발현을 조사하는 데 사용되는 기본적인 기술을 형성한다. 실험적 인출 기술들이 이용될 수 있는 정도는 각각의 경우에 다를 것이다. 이러한 기술들은 지적인 이해와 화제의 상호작용을 포함하기 때문에 이를 유아에게 적용하는 것은 쉽지 않다. 하지만 모국어 제보자나 제2언어 학습자에게는 적용할 수 있을 것이다(그들이 어린아이일 때를 제외하고).

중간언어를 구사하는 학생이 유리한 위치에 있다는 데 대해서는 두 다른 관점이 있다. 어린이의 언어를 조사하는 사람과는 달리, 조사자는 보통 조사 중인 언어 이외에 제보자와 공유하는 언어를 가지고 있다.

그래서 조사자는 제보자에게 중간언어와 공유된 언어 사이에서 번역할 것을 요구할 수 있다. 이는 조사자가 학습자 발화에 대해 유용한 '권위 있는 설명'을 가진다는 것을 의미한다. 언어 자료를 분석하는 데 있어 첫 번째로 필요한 것은 그것이 무엇을 의미하는지를 알고 있어야 하는 것이므로, 이는 분명 장점이다. 게다가 조사자는 제보자에게 중간언어 체계와 관련하여 자기 분석을 하도록 요구할 수도 있다. 이러한 방법론의 어떠한 것도 비록 유리한 환경에서조차도 어린이 언어의 조사자에게는 허용되지 않는다. 이러한 방법론은 제도화된 언어의 모국어 제보자를 연구하는 언어학자에 의해 이용될 수 있다.

그래서 공식적인 환경에 있는 학습자의 중간언어 연구가 자발적으로 생성된 자료의 부족에 의해 방해를 받는다 하더라도, 이는 광범위한 인출 기술의 이용 가능성에 의해 보상받게 되는 것이다.

나는 지금까지 마치 제2언어 학습이 공식적인 교육 환경에서 매우 널리 일어나는 것처럼 말해 왔다. 이는 분명 그렇지 않다. 아마 세상에 있는 아주 많은 이중언어 사용자는 자신의 제2언어를 교실에서 배우지 않을 것이다. 전 세계에 걸쳐 대부분의 다중언어를 사용하는 집단은 모국어 화자끼리 서로 얘기를 나누거나 또는 학습자와 얘기를 나누는 모국어 화자에 의해 발화된 제2언어에 노출되는 것과 같은, 비공식적인 언어 접촉 상황에서, 다시 말해 어린이가 그의 어머니의 말을 습득하는 것과 유사한 상황에서 제2언어를 배운다. 그러한 환경에서 학습자는 언어를 메시지를 전달하는 수단으로 받아들인다. 결과적으로 학습자는 처음에는 발화 신호의 아주 두드러진 자질에 주의를 기울인다. 그리고 그의 언어에 대한 직관은 이러한 자질들에 기초한다. 이는 교실에서의 학습자 전략과는 현저하게 대비된다. 교실에서 자료는 여전히 대부분 문자적인 것이고, 선명하게 두드러진 자질들을 드러내지 않는다. 또한 그것은 학습자에게는 의미적이거나 의사소통적인 것이라기보다는 구조적이고, 형식적인 퍼즐에 더 가깝다. 게다가 비공식적인 환경에서는 학습자가 우리가 공식적으로 수업이라고 부르는 처치(treatment)를 제공받지 못한다. 비록 모국어 화자들이 외국인과 얘기를 할 때 어떤 면에서 자신들의 언어적 행동을 조절한다는 증거가 있긴 하지만, 학습자에게 노출된 언어자료가 학습을 용이하게 하기 위한 특별한 방식으로 선택되거나 조직된 것은 아니다. 모든 경우에 학습자는 설명의 형식을 띤 어떤 도움이나 단서 또는 통제된 연습 등을 제공받지 못한다. 하지만 약간의 교정을 받을 수는 있다. 이는 집단의 사회적 관습에 달려 있다. 하지만 만일 그가 그러한 교정을 받는다면, 그것은 전형적으로 학습자의 형식적인 오류를 교정하는 데에 목적이 있다기보다는 메시지를 명확하게 하는 데에 목적이 있다. 그러한 비공식적인 학습 상황에서는 학습자의 중간언어가 공식적인 상황에서의 중간언어와는 다른 특성을 보여줄 것으로 기대할 수 있다. 그리고 그 정도는 매우 크다. 하지만 이제 우리는 어려운 문제에 봉착하게 된다. 만일 다른 언어 학습 상황에서 나타나는 중간언어의 특성에 학습자의 연령 차이나 학습자의 모국어 차이, 형식적인 학습 환경의 차이에서 유발되는 것과 같은 상당한 변이성이 실제 있다면, 중간언어의 개념적 가치는 무엇인가? 다시 말해 공식적인 환경과 비공식적인 환경에서의 모든 제2언어 학습자의 중간언어에 공통적이라고 할수 있는 그리고, 평행하게 제2언어 학습자들의 근접체계들이 점진적으로 유사한 과정을 따라 목표어 코드로 발달한다는 중요한 형식적 특성을 제시하지 못한다면, 그때 중간언어의 개념은 하찮은 것이 되며, 무엇인가 특수한 어떤 것으로서의 개별 제2언어 학습자 또는 제2언어 학습 상황에 대한 연구로 되돌아가는 것이 더 좋다.

중간언어 연구의 역사가 짧지만, 중간언어들이 발전할 때 특히 구조화되지 않은 학습 상황에서는 서로 유사성을 갖고 있다는 결론이 지적되기 시작했다는 것을 믿는다. 그리고 변이성이 존재하는 것에 대해서는 유아가 그들의 모국어를 습득할 때 변이성이 나타나는 것처럼 학습 상황 또는 학습자의 본성에 기댐으로써 만족할 만하게 설명될 수 있다고 믿는다.

이 지점에서 이러한 진술을 세부적으로 한정할 필요가 있다. 제2언어 학습자의 중간언어에서 공통적으로 발견되는 유사성은 거의 전적으로 통사적인 것이다. 중간언어의 음운론과 음성학은 폭넓게 연구되어 왔고, 늘 그것은 모국어 음운론과 관련된 특성을 보인다. 이러한 층위 ─ 음성학과 음운론 ─ 에서는 분명 간섭이 있다. 이는 모국어의 조음 습관이나 인지 습관이 중간언어로 전이되는 것으로 설명될 수 있다. 왜냐하면 학습자에 의해 만들어진 중간언어 음운 체계는 학습자의 음성적 습관에 영향을 받을 것이기 때문이다. 하지만 학습자가 만들어 낸 중간언어 통사는 학습자의 음운체계에 의해 거의 영향을 받지 않는 것으로 나타난다.

그럼에도 불구하고 나는 교실에서처럼 학습 과정을 통제하고자 하는 그런 시도가 없는 곳에서의 학습자의 통사 부분에서의 중간언어 발달 과정은, 학습자의 모국어가 무엇이든지 그리고 목표어가 무엇이든지 특별히 초기 단계에서 일반적으로 포괄적인 유사성을 보일 것이라고 강력하게 주장한다. 이러한 주장은 언어 학습자는 표면적으로 다르게 나타나는 자료의 특성이 무엇이든지 간에 자신에게 노출된 언어 자료를 처리하는 방식을 결정하는 심리적인 특성을 갖고 있다는 것을 내포한다. 이러한 과정이 무엇인지 그리고 자연스러운 언어 발달 과정이 무엇인지를 발견하고자 하는 것이 중간언어 연구의 목표이다. 이러한 주장은 언어 학습자에 대한 종단적인 연구의 필요성을 제기한다(특별히 비공식적인 학습 상황에서). 그리고 이미 상당한 양의 자료가 구축되어 있다. 요지는 만일 우리가 일반적인 발달 원리를 발견할 수 있다면, 그때 이러한 원리들은 구조화된 교수 상황에서 학습을 위한 자료의 선택이나 조직, 그리고 배열에 적용될 수 있다는 것이다. 현재 어떠한 원리들에 의해 교수 자료가 조직되고 배열되든지 간에, 그것들은 제2언어 습득의 심리적인 과정에 대한 연구로부터 이끌어진 것은 아니다. 그렇기 때문에 중간언어 연구와 응용언어학은 아주 밀접한 관련성이 있다.

중간언어란 용어는 그 시점까지 연구된 학습자의 언어가 목표어와 다른 언어 — 특히 모국어 — 이 두 언어의 특성을 규칙적으로 드러내 보였기 때문에 나온 것이다. 내가 지적한 것처럼, 학습자 언어에 있는 모국어 특성의 존재가 긴 시간 동안 인식되었고, 그것은 심리적인 '전이' 과정에 의해 설명되어 왔다. 중간언어 발달에 대한 보다 폭넓은 연구는 최근에 실질적으로 모국어에 의한 어떠한 통사적 간섭도 없는 경우들을 보여주었다. 그때 그러한 간섭은 모국어가 제1 또는 유일한 원인이 아니라 학습자가 부분적으로 알고 있는 다른 제2언어가 원인이다. 게다가 최근에는 중간언어가 모국어나 또는 학습자가 알고 있는 어떤 다른 언어와 어떠한 명백한 유사성이 없는 체계적 특성을 상당히 규칙적으로 보일 수 있다는 것을 확인하였다. 몇몇 경우에 중간언어 체계는 목표어와 모국어가 서로 닮은 경우에조차도 목표어와 모국어 둘 다와 다르게 나타난다. 때때로 우리는 목표 자료가 선택되거나 학습자에게 제시되는 방식, 또는 학습자가 연습해 온 방식 때문에 학습자가 목표어에 대해 잘못된 추론을 하고 있다는 것을 보여줌으로써 이러한 경우들을 적절하게 설명할 수 있다. 다른 경우들에서는 적절한 설명이 제시되지 않았다.

최근 하나의 현상으로 학습자 오류에 대한 연구, 나아가 중간언어에 대한 연구는 언어 학습 과정에 대한 특별한 가설에 의해 동기화되었다. 학습자 오류나 중간언어 연구의 결과는 지금까지 이러한 특별한 접근법의 유용성을 확신하도록 이끌어 주었다. 그 가설은 학습자가 자신이 노출되어 있는 자료와의 상호작용에 기초하여 목표어의 구조적 특성, 즉 문법에 대한 이해를 스스로 창조해 낸다는 것이다. 이러한 이해는 자료에 대한 일종의 가설을 구성하는 것으로써 체계적이고 통일성이 있으며, 말하자면 자료에 대한 학습자의 '개인 문법'(personal grammar)이다. 이러한 학습자의 가설적인 문법은 확증 또는 논증을 요구한다. 학습자는 그 타당성을 수용적인 측면과 생성적인 측면에서 시험한다. 수용적인 측면으로는 자신의 교사나 모국어 화자에 의해 목표어로 만들어진 발화의 해석에 가설적인 문법을 이용함으로써, 그리고 생성적인 측면으로는 자기 자신의 발화를 생성하는 데 가설적인 문법을 이용함으로써, 그리고 그 가설이 맞다면, 자신의 해석이 문맥에서 적절할 것이고, 자신의 발화가 보충 설명이나 잘못된 이해 없이 받아들여질 것이라고 가정하면서 그 타당성을 시험한다. 반면 만일 자신의 가설이 틀렸다면, 자신의 이해가 결함이 있으면, 자신의 발화가 의사소통에 실패하리라는 것을 발견하고 교정할 것이다. 무엇인가 추가적인 도움으로 그는 설명이나 기술 또는 재구조화의 방식을 습득할 수 있으며, 자신의 중간언어 문법이 새로운 정보를 수용할 수 있도록 고칠 것이다. 그리고 이러한 순환은 반복된다. 물론 비공식적인 학습 환경에서 학습자는 자신의 발화에 대해 특별한 교정을 못 받을 수도 있다. 그러한 경우에 학습자는 자신이 생성한 형식이 모국어 화자에게서는 생성되지 않는다는 것을 관찰할 것이다. 다시 말해 비록 적극적으로 반박되지는 않지만 그럼에도 불구하고 학습자의 예측이 긍정적으로 확인받지는 못한다. 게다가 학습자는 동료 학습자들의 발화에서 교정을 받을 수도 있다.

지금 나는 분명히 학습자가 일반적으로 이러한 과정을 인식하고 있다고 제안하는 것이 아니다. 단지 지속적으로 노출되는 지각하는 감각 자료에 대한 순간순간의 해석이 이루어지는 것과 유사하게 이러한 과정을 의식적으로 안다고 제안하는 것이다. 결국 그러한 해석이 실패로 돌아갈 때, 단지 우리는 환경의 특성에 대한 본질을 잘못 해석했다는 것을 알게 된 것뿐이다.

학습자가 목표어에 대한 자신의 이해를 업그레이드하거나 정교화하고자 동기를 가질 때만이 그렇게 하는 것을 지속한다. 학습자의 중간언어 문법이 학습자의 의도대로 모국어 화자와 적절히 의사소통할 수 있는 정교한 상태에 도달할 때, 자신의 지식을 개선하거나 자신의 근접체계를 정교화하고자 하는 학습자의 동기는 사라지게 된다. 그로 인해 학습자의 중간언어가 더 이상의 발전을 하지 않으면서 오랫동안 그 상태로 남아 있는 '화석화'(fossilization) 현상이 목표어에서 실제 나타난다. 우리들 대부분은 어떤 부분에서 이런 식으로 화석화된 언어를 가진 우리 사회의 외국인을 안다. 우리가 때때로 만나는 이주 집단의 언어에 대한 정형화된 개념을 화석화 과정으로 설명할 수 있다.

언어 학습 과정에 대한 개략적인 밑그림은 모든 언어 학습자에 의해 발달된 중간언어 문법들은 그들이 노출되는 목표 자료의 유사성의 정도만큼 서로서로 유사성을 가져야 한다고 제안한다. 나아가 이러한 설명은 모국어 습득 과정을 기술하기 때문에, 유아와 중간언어 학습자에게서 보이는 중간언어 문법의 연속체는 유사해야 한다. 특정 환경에서 이것이 맞다는 강력한 증거가 최근에 제시되었다. 대학에서 이루어진 꽤 큰 규모의 연구에서 제2언어를 습득하는 어린아이의 모국어가 무엇이든지 간에 어린아이가 제2언어를 습득할 때 보이는 발달 과정과, 동일한 언어를 모국어로 습득하는 유아의 발달 과정에 동일한 형식적인 특성이 있음을 보여주고 있다. 이는 연구자로 하여금 제1언어 습득과 제2언어 습득을 평행한 것으로 여길 수 있게 해 준다. 하지만 비교적 나이가 든 어린이의 경우 공식적인 또는 비공식적인 학습 환경에서 모국어나 또는 다른 알려진 언어의 영향이 보다 분명하게 나타난다. 어른을 대상으로 할 때, 특별히 그들이 교육을 받았을 경우 그 영향은 가장 강력하게 나타난다.

학습자가 스스로 창조하는 중간언어 문법의 본질은 학습자가 이미 갖고 있는 언어 지식과 그러한 지식이 다듬어지고 정교화되는 방식에 의해 상당 부분 결정된다. 새로운 경험을 만들 수 있는 감각이 앞선 경험으로부터 습득된 지식에 의해 조건지워진다고 말함으로써 대략 이를 설명할 수 있다. 제2언어 학습의 경우에 언어에 대해 더 많은 것을 알수록 또는 더 많은 언어를 알수록 제2언어 자료의 구조적 특성에 대한 우리가 이용할 수 있는 학습을 돕는 가설들의 목록은 풍부해질 것이다. 이는 중간언어가 모국어뿐만 아니라 학습자가 알고 있는 제2언어에서도 통상적으로 보여주는 유사성을 설명할 수 있다. 실제 능숙한 성인 학습자는 때때로 제1언어에서의 언어 경험과 제2언어에서의 언어 경험을 분류해 내는 것처럼 보이며, 전략적으로 새로운 제2언어가 모국어보다 오히려 알고 있는 제2언어와 더 유사하다는 가설을 취하는 것처럼 보인다.

중간언어 문법의 변이와, 실제 제2언어 학습자들의 개개인의 중간언어에서 발견되는 문법적인 불연속성에 대한 다른 설명이 있다. 공식적인 학습 상황에서는 보통 학습자에게 노출되는 언어 자료가 문체적으로나 방언적으로 동질적이고, 내부적으로 일관되어 있다고 가정된다. 교재는 보통 목표어의 표준 방언으로 기술되어 있고, 교사에 의해 제공되는 교정은 표준 문법에 기초한다. 이는 이상적인 상태이다. 하지만 많은 경우는 그렇지 못하다. 모든 교사가 모국어 화자 또는 목표어의 준모국어 화자는 아니다. 많은 교사는 어떤 중간언어 형식으로 말한다. 그래서 그들 자신의 언어수행이 항상 목표어로 일관되거나 또는, 교재와 일치하는 것은 아니다. 게다가 학습자는 자주 교실 밖에서 목표어 자료 유형에 노출될 수 있다. 이는 특히 제2언어로서의 영어에서도 마찬가지이다. 이러한 자료는 약간은 비표준적인 변이거나 또는, 종종 영어와 관련된 어떤 중간언어 형식일 수 있다. 영국에서 이주한 많은 이주민들의 경우가 그렇다.

그래서 많은 학습자가 불연속적인 자료에 노출될 뿐만 아니라, 그들이 그러한 자료에서 채택할 수 있는 학습을 돕는 가설들의 영역도 변할 것이다. 이는 학습자가 목표어에 대해 단지 하나의 가설을 채택하는 것이 아니라, 자신의 중간언어에서 일련의 공존하는 근접체계를 이끄는 여러 개의 동시발생적인 가설을 채택할 수 있다는 개념을 받아들이게 한다. 이는 다시 학습자의 발화 문법에서 명백한 불연속성처럼 보일 것이다. 또한 학습자가 적어도 2개의 중간언어 문법 ― 하나는 생성을 위한 것이고 다른 하나는 이해를 위한 것 ― 을 사용할 수 있다는 가능성을 인정해야만 한다. 이것이 사실이라는 몇 가지 증거가 있다. 하지만 이해를 위해 사용되는 중간언어 문법을 조사하는 방법론적인 문제가 만만치 않아서 이 문제에 대해서는 열린 마음을 유지해야만 한다.

언어 학습자의 중간언어의 특성에서 나타나는 변이성은 불연속적인 자료의 영향, 각기 다른 학습을 돕는 가설들의 다양성, 교수에서의 차이로 돌림으로써 설명될 수 있다. 하지만 여전히 '특별히 학습의 초기 단계에서 그리고 비공식적인 환경에서' 학습자들의 다양한 근접체계에 남아 있는 유표적인 유사성은 설명을 요구한다.

나는 이미 중간언어의 역동적이고 변화하는 특성에 대해 주목해 왔다. 그리고 중간언어가 학습자들 간에 의사소통을 위해 사용되는 환경, 예컨대 학교에서 일어나는 의사소통 같은 경우를 제외하고는 중간언어가 한 사회집단에서 제도화되지 않는다는 것을 언급해 왔다. 중간언어 체계의 놀랄만한 중요한 특성은 표준적으로 제도화된 언어와 비교할 때 언어학적 개념에서 간소화되고 단순화된 체계라는 것이다. 게다가 중간언어로 표현할 수 있는 쓰임이 기능적으로 제약되어 있다. 적어도 나이가 든 학습자는 자신의 모국어를 사용하여 의사소통하는 것만큼 모든 의사소통 목적을 위해 자신의 중간언어를 효과적으로 사용하지 못한다. 간소화된 근접체계로 의사소통의 필요성에 직면할 때 중간언어 화자가 채택하는 전략을 고찰하고자 하는 것이 최근의 연구 대상이다. 문법의 공식적인 특성과 그러한 특성으로 할 수 있는 것 또는, 하려고 하는 것과 그것을 하기 위해 선택한 문법 사이에는 관련성이 있다.

이제 중간언어 현상에 대한 토론에서 다양한 줄거리를 이끌어내고, 이들을 실제적인 언어 교수와 연결시킬 때이다. 제2언어를 학습하는 과정에서 학습자가 특정 환경에서 스스로 창조하는 근접체계들이 흥미로운 유사성을 보여주기 때문에, 나는 중간언어의 개념이 유용하다고 주장해 왔다. 이러한 유사성은 제2언어 습득에서 어떤 기본적인 과정이 작동하고 있다는 증거라고 제안해 왔다. 변이성이 어디에서 발생한 것인지는 학습 상황의 세 가지 요소 ― 학습자, 환경, 관계된 언어 ― 가운데 하나 또는 그 이상의 요소로 설명되어야만 한다.

학습자의 변이성의 범위와 관련된 것은 나이이다. 나이 어린 학습자의 의사소통 요구는 나이 많은 학습자의 의사소통 요구보다 제한적이고, 언어에 대한 경험도 적다. 그리고 아마 학습 전략의 영역도 보다 제한적이다. 제2언어에 노출될 경우 나이 어린 학습자들은 그들의 모국어와 목표어가 무엇이든지 간에 더 유사한 근접체계 조합을 발전시키려는 경향이 더 강하다.

첫 번째 일반화는, 여타의 조건이 같다면(다시 말해 학습 상황의 공식성과 목표어에 대한 정체성), 학습자의 나이가 어릴수록 중간언어 체계의 구조적 특성은 더 유사할 것이다.

학습자에 의해 발전된 중간언어 체계의 본질에 영향을 미치는 학습 상황의 특성은 공식성의 여부이다. 공식적인 학습 상황에서는 의사소통에서의 목표어 코드의 사용보다는 여전히 코드의 습득에 더 초점을 두고 있다. 실제 교실에서는 메시지를 생성하고 전달받기 위해 중간언어를 자유롭게 사용하는 것이 권장되지 않거나 쉽게 허용되지 않는다. 그래서 공식적인 환경에서와 비공식적인 환경에서 학습자는 기본적으로 다른 방식으로 목표어 자료에 접근한다. 자유로운 학습자는 의미적인 탐색같은 자료의 의사소통적 특성에 주의를 집중한다. 반면 통제된 학습자는 구조적인 문제같은 형식적인 탐색으로 자료에 접근한다.

두 번째 일반화는, 다른 조건이 같다면(다시 말해 학습자의 나이와 목표어에 대한 정체성), 의사소통적으로 동기화된 학습 환경일수록 학습자의 중간언어 체계의 구조적 특성은 더 유사할 것이다.

마지막 일반화는 보다 모험적인 것이다. 만일 인간 언어에 실제 보편적인 특성이 있고 언어 습득 과정이 보다 단순하거나 또는 기본적인 문법적 체계의 복잡한 어떤 종류의 하나라면, 목표어에 관계없이 언어 학습의 초기 단계에서 그것을 발견할 것으로 기대되며, 학습자의 모국어에 관계없이 학습자의 근접 체계는 어떤 유사성을 보일 것이다. 이러한 일반화의 증거는 피진어처럼 모든 단순한 코드에서 발견되는 놀랄 만한 유사성이다.

이 세 가지 일반화로부터 다음과 같은 것을 예측할 수 있다. 예컨대 학습자의 모국어에 관계없이 학습자의 근접 체계들 사이의 유사성의 최대치는 나이 어린 학습자가 비공식적인 환경에서 특정 언어를 배우는 초기 단계에서 발견될 것이고, 반대로 학습자의 근접 체계에서 차이의 최대치는 공식적인 환경에서 다른 목표어를 배우는 다른 모국어를 가진 성인 학습자 사이에서 발견될 것이다. 이러한 두 극단의 예측은 지금까지 다루어진 사실들에 의해 나온 것이다.

효율적인 언어 교수는 자연스러운 과정에 반하는 것이 아니라 자연스러운 과정에 의해 수행되어야만 하고, 학습을 방해하기보다는 학습을 쉽게 하고 학습을 촉진해야만 한다. 교사와 교재는 교사가 아닌 학습자에게 맞춰져야 한다. 중간언어 연구는 언어 학습의 자연스러운 과정에 대한 연구이다. 지금까지 발견된 것은 언어 교수를 비공식적인 환경에서의 제2언어 학습에 가깝게 할수록 보다 더 성공적이라는 것이다.

실용적 의미에서 이는 두 가지를 시사한다. 첫째, 자유로운 학습자의 근접 체계에서 발달하는 복잡성의 연쇄에 맞춰진 교수요목과 교재 구조의 수용이다. Nickel(1973)은 실제 영국에서 읽기와 쓰기 교수에서 알파벳 머릿글자를 이용한 교수 방식과[3] 같이, 복잡성이 증대되는 근접체계 문법의 연쇄를 가르칠 것을 제안하였다. 이는 물론 실제 모국어 화자에 의해 오류의 성격을 띤 것으로 간주되는 것을 가르친다는 것을 의미한다. 이러한 제안은 흥미로운 반면 아마도 현 시점에서 교육적으로는 실행되기는 어렵다. 왜냐하면 그것이 교사에 의해 받아들여지기는 어려울

---

3) [역자 주] James Pitman에 의해 고안된 초등교육용 44문자의 알파벳.

것이기 때문이다. 따라서 할 수 있는 일은 학습자 언어에 대한 보다 현실적인 태도를 채택하는 것이다. 그리고 소위 학습자의 오류에 대한 선택적인 교정을 통해 어느 특정 순간에 학습자의 중간언어 체계가 학습자에게 배우도록 허용하는 것만을 가르치는 것이다.

하지만 보다 중요한 것은 교수에서 목표어의 문법에 치중하는 것에서 벗어나 목표어에서의 의사소통에 대한 관심으로의 강조점을 이동하는 것이다. 학습자의 중간언어 체계에 대한 단계적인 정교화는 보다 복잡한 의사소통 과업도 수행할 수 있는 학습자의 발전 요구에 대한 응답이다. 만일 우리가 이러한 단계를 정확하게 조절할 수 있다면, 문법은 저절로 따라오게 된다. 그때 학습자에게 노출시키는 언어 교재의 등급화 대신, 학습자가 자신의 근접체계를 정교화하도록 친절히 유도하기 위해 학습자의 의사소통 요구의 등급화를 고려해야 한다. 현재 시점에서 학습자 중심의 교수에 강조를 둔 교육이론과 실재 — 모둠별 학습과 탐구 방법 — 가 그러한 강조점의 이동을 허용할 준비가 되어 있다고 믿는다. 그것이 실현되도록 하기 위한 실질적인 기술들은 언어 교수자들의 영역이다. 응용언어학자가 교실에서 자신의 동료에게 이양해야 하는 지점이 여기이다.

08

단순 코드와 제2언어 학습자의
초기 학습 가설의 원천

언어학 이론은 가장 복잡하거나 정교한 언어적 표현을 설명할 수 있을 만큼 충분히 풍부하고 포괄적임에 틀림없다. 결과적으로 구조적으로 덜 복잡한 언어적 행동은 '간소화된'(reduced) 또는 '단순화된'(simplified) 코드나 형태를 통해서 일반적으로 설명된다. 모든 언어는 아니지만 많은 언어는 그러한 간소화된 형태를 가지고 있으며, 적절한 상황에서 그러한 간소화된 형태를 사용할 수 있는 것은 모국어 화자의 언어 능력의 한 부분이라고 알려져 있다. 언제 그러한 형태를 사용하는 것이 적절한지를 아는 것은 모국어 화자의 전체 의사소통 능력의 한 부분이다. 이러한 간소화된 또는 단순화된 형태들은 어느 정도 한정된 언어 사용 상황이나 담화 유형과 관련되어 있다. 전신술(telegraphese)은 분명 명령, 기록, 계획의 공시에 사용되는 의사소통 기능의 제한된 영역일 뿐만 아니라 전달 수단으로 제약된다. 식물이나 조류에 대해 기술한 책에서의 전문적인 기술은 순수히 지시적인 기능을 갖고 있으며, 소위 교수 언어는

(language of instruction) 분명히 제한된 수사적인 기능을 갖고 있다.

유아어(baby talk)(Ferguson 1964)는 연인어(lovers' talk)가 그런 것처럼 매우 정서적인 기능을 가지고 있다. 외국인 말(foreigner talk)은 모국어 화자가 해당 언어에 대한 지식이 거의 또는 전혀 없는 외국인과 말을 할 때 모국어 화자에 의해 선택되는 코드라고 알려져 있다. 하지만 이는 의심스러운데, 그 근거는 외국인 말이 주로 조롱의 하나로 사용되기 때문이다. 농아어(deaf talk)는 담화 참여자가 신체적인 장애가 있는 상황으로 제약된다.

이러한 모든 코드는 한 언어 사회에서 관습적이고, 제도화되어 있으며, 체계적이고, 그 결과 어느 정도 변화에 저항적이다. 이들은 언어의 다른 부분들처럼 통상적인 문화적 전이 과정에 의해 습득되는 것으로 알려져 있다. 유능한 모국어 화자는 이러한 코드로 적절한 담화를 생성해 낼 수 있으며, 위에서 설명한 특별한 목적을 위해 언어 사회의 다른 구성원들과 의사소통할 때 이러한 코드를 설명할 수 있다.

간소화된 언어의 또 다른 종류로 피진어('pidgins')를 들 수 있다. 나는 이 용어를 Hall(1966)에서 정의된, '서로 다른 언어 사회의 구성원들이 공통의 코드가 없으므로 인해 제약된 의사소통 기능을 위해 사용하는 언어 체계'의 의미로 사용한다. 그러나 피진어는 어떤 언어 사회의 모국어도 아니다. 이 경우에는 '간소화된'이나 '단순화된'이라는 용어와 일관된 의미를 부여하기는 어렵다. 왜냐하면 간소화되거나 단순화되었다는 것은 어떤 의미에서 화자가 자신이 간소화시킨 또는 단순화시킨 언어와 동일한 언어의 복잡한 코드를 사용할 수 있다는 것을 함의하기 때문이다. 피진어는 분명 이런 경우는 아니다. 그러므로 단순화나 간소화는 암시적으로 상대적인 용어이다. 그리고 이 용어는 피진어를 어떤 언어와 구조적으로 관련이 있다고 보는 언어학자가 용어의 원칙적인 관점에서 구조적으로 더 단순하다는 비교로 사용하는 것이다.

간소화된 또는 단순화된 언어의 마지막 유형은 유아의 모국어 학습이나 제2언어 학습자와 같은 언어 학습자의 중간언어이다. 이들 중간언어의 어느 것도 보통 그 언어 사회에서 제도화되어 있지 않다. 유아어, 외국인 말은 이러한 중간언어를 가지고 있는 언어 사회와 관련된 전형적인 간소화된 형태들이다. 대부분의 경우 중간언어는 아주 불안정해서 제도화되지 못하거나 또는 사회방언으로써 기능하지 못한다. 비록 언어학자가 자신들의 수사적인 목적을 위한 어떤 구조적 특성을 잡아낸다 하더라도, 이러한 형태를 사용하는 언어 화자들이 중간언어가 의사소통의 표준이 되는 중간언어 화자 집단의 구성원은 아니다.

소위 단순화된 세 가지 유형의 코드 또는 언어가 강한 구조적 유사성을 보인다는 것은 이제 논란의 여지가 없다. 이러한 유사성의 가장 두드러진 점은 단순하거나 자연언어에 존재하지 않는 형태론적 체계, 어느 정도 고정된 단어 순서, 단순한 인칭 대명사 체계, 적은 수의 문법적인 기능어와 문법적인 범주, 계사의 비사용, 관사 체계의 부재(종종 지시어의 부재)이다. 이들의 의미적인 기능과 시제나 상과 같은 다른 체계들은 부사나 정형화된 형식과 같은 어휘적인 수단에 의해 전형적으로 수행된다. 기본적인 통사적 관계는 단어 순서에 의해 표현된다.

이러한 기초적인 통사적 체계에 따라 단지 적은 어휘가 결과적으로 복잡한 다의성으로 나타난다. 그러한 체계가 살아남을 수 있는 것은 비록 매우 제약되긴 했지만 상황적 맥락에 의존해서 의사소통 기능을 하기 때문으로 설명된다. 그것들은 정보 이론에서 최소로 잉여적인 것으로 이해될 수 있다.

이러한 세 유형의 단순화된 언어의 중요한 특성은 아래 도식으로 요약된다.

세 유형의 간소화된 언어의 특성

	축약 (Reduction)	혼합 (Admixture)	집단 내 사용 (Inter-group use)
피진화(Pidginization)	+	+	+
간소화된 형태 (reduced registers)	+	−	+
중간언어(interlanguages)	+	+	−

이들 '간소화된 언어'(reduced languages)나 코드의 특성을 포착하고자 하는 나의 시도에서, '간소화된'(reduced), '단순화된'(simplified), '보다 단순한'(simpler)처럼 명시적으로 상대적이 않은 곳에서 '단순한…'(a simple…), '~의 비사용…'(no use of…), '~의 부재…'(absence of…)와 같은 암시적으로 상대적인 용어를 사용하려고 해 온 것은 중요하다. 이는 '자연스럽다'(natural) 또는 '기본적이다'(basic)는 것이 어쨌든 복잡한 체계라는 것을 내포하며, 이러한 언어나 코드가 자연스럽거나 기본적인

체계의 간소화 또는 단순화라는 것을 내포한다. 하지만 이 글의 목표는 정도를 측정하는 관점이 제2언어 학습을 설명하는 목적에 부합하지 않을 뿐만 아니라 실제 중요한 사실을 모호하게 한다는 것을 제안하는 것이다. 이 글의 서두에서 말했던 것처럼, 언어학 이론은 어떠한 언어 구조의 표현도 가장 덜 복잡하든 가장 복잡하든 — 그러한 복잡성이 어떤 특정 언어 체계로 실현될 수 있다. — 설명할 수 있도록 잘 고안되어 있어야만 한다. 이러한 까닭에 언어학자는 항상 가장 복잡한 언어 형식(전형적인 표준 문자 코드)을 기술하는 데 관심을 기울여 왔다. 왜냐하면 보다 적고 단순한 체계는 자동적으로 기술할 수 있을 것이기 때문이다. 내가 위에서 제시했던 유형의 코드는 덜 복잡한 언어의 예이지만, 덜 복잡한 것으로 이들의 특성을 설명한다고 해서 곧 그것들이 단순화되어 왔다는 것을 포함하지는 않는다.

'단순화된'(simplified) 또는 '간소화된'(reduced)이라는 용어는 단순화 또는 간소화의 과정이 일어났다는 것을 내포한다. 이 경우 단순화는 단지 언어학자가 표준 언어와의 비교를 통해 — 말하자면 언어학자는 둘을 기술하기 위해 동일한 종류의 범주와 관계를 사용한다. — 이러한 코드를 기술하는 데에서 수행된 과정에 대한 언급이다. 이러한 코드들은 한 번도 그 자체로 기술된 적이 없고, 보다 복잡한 체계를 설명하기 위해 필요한 용어로 기술되어 왔다. 하지만 또한 단순화는 이러한 코드의 화자 또는 학습자의 심리적인 과정으로 설명될 수도 있다. 다시 말해 복잡한 내면화된 문법을 단순화 또는 간소화하기 위한 규칙 — 지배적인 심리 과정이 있다. Samarin(1971)은 아마도 그러한 규칙들이 보편적일 거라고 가정한다. 단순화에 대한 보편적인 직관적 개념이 있다는 것을 발견할 수 있는가?

어떤 다른 이론은 전체 과정을 완전히 다르게 뒤집을 수도 있고, '표준'(말하자면 복잡한) 코드를 '기본적'(basic)으로 단순한 언어의 '복잡화된' 형식으로 다룰 수 있으며, 그래서 (말하자면 언어 학습에) 복잡성의 일반적인 과정이 있다는 것을 가정하게 될 수도 있다. 나는 비록 복잡성의 보편적 규칙이 제시되기를 바라지는 않지만, 후자가 보다 유익하고, 실제로 피진 현상, 중간언어 및 다른 간소화된 코드들을 다루는 적절한 방식이라고 믿는다. 반대로 나는 복잡성에 내재된 규칙이 언어 특수적인 것으로 여긴다. 이러한 제안은 분명 단순 코드가 어떤 의미에서 기저 구조 또는 모든 언어의 내적 형식과 더 가깝다는 — 즉 보다 명시적으로 의미적 범주와 관계를 반영한다(Kay and Sankoff 1972). — 일반적인 믿음과 연결되어 있다. 그래서 복잡하게 제도화된 언어는 복잡성의 문제에 대해 다소간 차별화된 설명을 보여준다. 반면 복잡성에 대한 동기화는 언어 사회 내에서 의사소통 기능의 넓어진 영역과, 단순 체계 내에 내재된 모호성을 감소시키고자 하는 욕구로부터 야기된다(Schumann 1975). 보다 복잡한 근접체계의 단계를 지나 중간언어가 목표어로 발달하거나(Nemser 1971) 또는, 유아 언어가 성인언어로 발달하는 것처럼, 피진의 크레올(피진의 다음 단계의 연속체)로의 발달은 복잡성이 점진적으로 증대하는 과정의 하나이다. 그래서 '간소화된 형식'으로 분류된 것은 화석화된 중간 단계의 근접 체계이거나 제도화되고 정형화되어 가는 특정 언어의 복잡화 과정의 단계이다. 그러한 상태가 복잡화의 정도에서 모두 같을 필요는 없다. 이는 하나의 언어의 상이한 '간소화된 형태'의 특성을 피상적으로 관찰함으로써 분명해진다. 그래서 영어에서 외국인 말, 유아어, 전신술들은 교수 언어나 식물에 대한 기술보다 덜 복잡한 수준에서 정형화되어 있다. 복잡성의 정도가 다르게 제도화된 코드의 화석형은 '공존 코드'(co-existent codes)(Tsuzaki 1971) 또는 '중간언어적 연속체'(Cave 1970)로 간주될 수 있다. 단일 사회 집단 내의 서로 다른 피진화 정도에 대한 기술도 일반적으로 가능하다.

Jakobson(1968)은 복잡한 성인 코드에 완전히 통제를 받는 어린이조차 그의 언어 목록 내에 초기의 중간언어 코드를 보유하고 있다는 사실에 우리의 주의를 유도한다. 어린이는 갑자기 유아의 역할로 회귀하고 싶을 때, 그리고 나이 어린 동생을 모방하거나 또는 어느 정도 자기 자신의 회상을 통해서 누군가와 대화를 시도할 때 이러한 현상을 보인다. 이러한 설명은 어린이가 주의를 끌기 위해 자주 유아어로 퇴행하는 현상이 나타난다는 사실을 통해 더욱 더 지지를 받는다(Ferguson 1964). 우리는 이러한 현상이 성인들에게 발생할 때 역시 그들이 유아어를 사용한다고 말한다. 하지만 이러한 현상에서는 성인이 유아의 언어를 복사하는 것이 아니라 성인 스스로 유아로 내면화한 코드를 사용하는 것이다.

이는 모든 언어 화자들이 거치는 근접체계가 복잡화 과정에서 제거되는 것이 아니라 사회적으로 용인된 상황에서 사용할 수 있도록 — 소위 '간소화된 코드'(reduced codes)의 제도화 같은 것 — 남아 있다는 것을 말해 준다.

유사한 현상을 언어 교실에서 규칙적으로 관찰할 수 있다. 제2언어 교사가 모국어 화자이든 아니든 정도의 차이는 있지만 학생들의 근접체계와 닮은 중간언어를 사용하는 것을 종종 들을 수 있다. 그들은 사실 학생들의 언어를 모방하고 있는 것이 아니라 그들 삶의 어느 지점에서 이미 내면화되어 갖고 있는 코드를 선택하고 있는 것이다. 물론 교사는 실제로 학생들과의 의사소통에 도움이 될 때에만 이러한 언어를 사용한다. 이 경우 어떠한 제도화도 없으며, 모국어 화자인 교사의 경우 그 코드는 분명 제자들이 사용한 중간어의 특정한 자질에 의해 영향을 받을 것이다. 이 경우 우리는 문맥적으로 한정된 외국인 말이라고 할 수 있다(여컨대 cocoliche - 스페인에서 이탈리아어화된 외국인 말)(Entwhistle 1936).

내가 제안하고 있는 가설은 특정 문맥의 특정 유형의 담화에서 화자는 성공적인 의사소통을 위해 충분히 복잡한 단순-복합 연속체를 채택하고, 화자는 상황이 요구하는 대로 그러한 단순-복합 연속체의 크기를 조정한다는 것이다. 하지만 그 과정은 사회적 요인(예컨대 분명한 원인에 의해 스펙트럼의 보다 복잡한 끝으로 가는 경향이 있는 문자 코드), 명백한 예외(예컨대 전신술처럼 의사소통 기능의 제약된 영역 때문에 단순화된 것)에 의해 어느 정도 조건된다. 덧붙여 말하자면 이러한 점이 외국인 말을 연구하기 어려운 이유 중의 하나이다. 보통 그것은 일반적으로 짧은 발화에서 일어나는 언어의 구어적 사용이고, 그래서 체계적으로 기술할 수 있는 충분한 자료를 수집하기가 어렵다. 그래서 이러한 표현들의 존재가 사회적으로 인식되지 않으며, 또한 이들에 대해 일반적으로 받아들여지는 이름을 붙이지 못하고 있다(cocoliche는 예외). 반면 피진어는 자립적인 코드로 존재하기 때문에 보다 일반적으로 허용되며, 이름도 갖고 있다.

이는 또한 언어 교사가 중간언어를 자립적인 체계로 개념화하는 데에 어려움이 있는 이유이기도 하다. 교사들은 대개 피진어에 적용된 것과 같은 태도 ─ 예컨대 표준이나 목표어에서 일탈된, 일그러진, 또는 품위가 떨어진 것 ─ 를 취하는 경향이 있다.

중간언어라는 용어는 Selinker가 학습자의 모국어와 목표어 사이에서 존재하는, 두 언어 모두의 형식적인 특성을 보이는 언어 체계를 이르기 위해 처음으로 소개한 것이었다. 중간언어는 불안정한 것이었다. 즉 항상 복잡화의 과정에 있었고(화석화될 때는 예외), 결과적으로 제도화의 특성을 보이지 않았다(교수 언어가 모국어가 아닌 교육적인 환경에서도 제도화된 학교의 중간언어 피진어는 규칙적으로 발달한다.). 하지만 제2언어 학습자의 중간언어가 모국어로부터 전이가 되었다는 증거를 필수적으로 보이지 않는다는 것은 분명하다(Burt and Dulay 1974). 그래서 중간언어라는 이름은 결국 현상의 특성을 드러내는 데 부적절한 것으로 보일 수 있다. 왜냐하면 그러한 현상이 모든 경우에 분명한 중간언어적 특징을 보이는 것은 아니기 때문이다. 이는 특히 공식적인 교수 없이 제2언어를 습득하는 어린이들의 경우에서 나타난다. 다만 어른이나 청소년들 ─ 제도화되지 않은 학습자이든 제도화된 학습자이든 ─ 의 경우에도 발견되는지에 대해서는 증거가 없다.

이러한 부적절성은 단지 표면적인 것이라고 제안하고자 한다. 나는 언어 학습의 복잡화 과정이 기초(base)에서부터 기인한다고 믿는다. 이러한 기초는 내재화되고 외재화된 형식 사이의 관계가 단순한, 말 그대로 기초적인 언어(basic language)이다. 어린이의 언어 습득에 대해 언급한 Lyons(1973)는 최근의 많은 연구가 어린이의 초기 발화의 문법 구조가 기본적으로 행위자, 유정물, 공간적 위치와 같은 의미 개념에 의해 결정된다는 방법론적인 가정 하에 수행되었다고 말하고 있다. 나아가 그는 어린이들의 발화를 분석하기 위해 요구되는 비교적 단순한 문법 규칙이 언어 보편적이지는 않지만 성인의 발화를 분석하기 위해 요구되는 많은 규칙들보다는 적어도 일반적이고, 성인 언어의 보다 복잡한 문법적 및 의미적 특성이 이른 시기 체계의 기초 위에서 개발된다고 가정하는 것이 타당하다고 말한다. 덧붙여 이것이 바로 전통적인 관점이라고 하고 있다.

어린이는 분명 자신이 노출된 문맥에서의 발화로부터 의미를 추출하는 시도를 통해 언어 습득 과업에 접근한다. 아마도 어린이는 인지적으로 가장 도드라진 것, 즉 어휘 항목과 어휘 연쇄에서 체계를 가장 먼저 발견한다는 것이 자주 지적되어 왔다(Hymes 1971 : '피진화의 핵심은 상황적 문맥에서 단어와 단어들의 순서에 초점이 놓여 있다.'). 이를 통해서 어린이는 기본적인 통사적 관계와 범주의 목록을 만든다. 복잡화의 과정이 의사소통에 대한 기능적 요구를 증대시키려는 반응에서 시작되는 것은 이러한 토대에서이다. Lyons가 제안한 그러한 기본적인 언어는 언어보편적일 것이다. 나는 복잡화의 과정이 초기 체계를 제거한 것이 아니고, 이러한 초기 체계는 화자가 일생동안 어떠한 목적 ― 의사소통 또는 학습 ― 을 위해 이용 가능하다는 증거가 있음을 이미 말해 왔다. 그래서 어린이의 기초적 언어는 가장 초기의 체계로 간주될 수 있다. 예컨대 우리가 여전히 이러한 가장 초기의 체계를 가지고 있다는 것은 문맥에서 특별한 어려움 없이 유아의 발화를 이해할 수 있는 능력을 통해 확인할 수 있다.

그래서 우리가 제2언어를 배우게 될 때, 우리는 이러한 무한한 수의 기본적 체계 ― 물론 제도화된, 보다 복잡하지만 여전히 중간적인 체계 또는 근접 체계들, 다른 언어에서 화석화된 근접 체계들과 함께 모국어의 간소화된 표현들 — 를 이용할 수 있다. 제2언어 습득에서 학습자의 중간언어가 자신의 모국어가 아닌 학습자가 갖고 있는 불완전하게 학습된 다른 제2언어(예컨대 덜 복잡한 근접 체계)로부터 방해를 받는다는 증거가 최근에 자주 보고되고 있다. 이는 오류 분석으로부터 나온 증거들을 통해서 확실해지고 있다. 나의 주장은 제2언어의 구조를 발견하는 데 있어서, 학습자는 자신의 초기 가설(학습을 돕는 기제)로 자신의 모국어의 가장 복잡한 체계가 아닌 오히려 하나 또는 그 이상의 중간적인, 덜 복잡한 체계를 사용한다는 것이다. 이는 다중 가설의 가능성을 인정한다(오류의 불연속성은 아마도 이러한 다중 가설의 사용에 기인한 것이다.). 제2언어 자료에 직면할 때 학습자는 자료에서 가장 도드라진 부분(예컨대 어휘 항목과 어휘 항목의 연쇄)의 분석을 통해 의미를 찾는 유아의 전략과 동일한 전략을 채택한다. 학습자가 가지고 있거나 또는 선택한 기본적인, 학습을 돕는 체계가 무엇이든지 간에, 학습자는 '초기 가설'(initial hypothesis)의 기초 위에서 자료의 구조를 해석한다. 이는 피아제의 개념으로 동화의 과정이며, 본질적으로 연역적이다. 하지만 학습자가 자료를 동화시키고자 하는 것은 자신의 모국어의 복잡한 구조가 아니라 어떤 중간적인 형식(예컨대 간소화된 체계)이다. 모든 언어의 중간적인 형식들은 기본적이고, 가능한 보편적인 체계에 접근하는, 서로서로 더 가까워지는 보다 강한 동화력을 갖게 된다. 그렇기 때문에 학습자들의 모국어 배경이 무엇이든지 간에, 언어 학습자들의 중간언어가 형식적인 유사성을 보이게 되는 것과, 그리고 초기 가설(initial hypotheses)이 기본적인 형식에 더 가까우면 가까울수록 동화력이 더 강해지는 것은 놀라운 일이 아니다. 전형적으로 어린이들은 보다 기초적인(basic) 지점에서 출발하며, 그 결과 어린이의 중간언어들은 모국어에 관계없이 보다 유사하게 될 것이라고 가정한다(Dulay and Burt 1974).

성인의 경우 동일한 과정에 대한 증거는 Clyne(1968)에 의해 제시되었는데, 그는 독일 이주 노동자들 사이에서 그들의 불완전한 독일어(예컨대 중간언어)가 그들 자신의 간소화된 표현(그들의 모국어가 무엇이든지 간에)과 그들 고용주의 간소화된 표현(외국인 말) 사이에서 절충되어 있음을 발견하였다. 그들은 서로 다른 모국어를 가지고 있었기 때문에 그들의 중간언어는 혼성된 공통어(lingua franca)로 기능하였고, 하나의 피진어로 제도화되었다. (나는 여기서 피진화에 대한 Whinnom (1971)의 가설 — 제3의 혼종 즉, 다양한 토대를 가진 하나의 목표 — 을 가정하고 있다.)

지금까지의 논의를 요약하면, 우리는 모든 피진어, 하나의 언어에서의 간소화된 표현, 언어 학습자의 중간언어가 모두 놀랄만한 형식적인 유사성을 보여주는 경향이 있음을 설명해야만 한다. 그리고 다음으로 제2언어를 배우는 어린이들의 중간언어의 경우에는 그들의 모국어가 무엇이든지 간에 각각의 중간언어들 간에 서로서로 훨씬 더 놀랄만한 유사성을 보이며, 또한 유아의 중간 문법과도 놀랄만한 유사성을 보인다는 사실을 설명해야 한다. 이러한 모든 현상들은 우리가 '단순화된 체계'의 개념을 포기하고, 그것을 복잡화 또는 '복잡화된 체계'의 개념으로 대체한다면 설명될 수 있다. 그리고 그럴 때 언어 학습 과정에서 발달된 근접 체계는 제거되지는 않지만 모국어에서의 특별한 의사소통 기능을 위해, 그리고 제2언어 학습의 초기 가설로서 모두 이용 가능한 상태로 남아 있다고 가정하게 된다.

언어 연속체와 중간언어 가설

주지하다시피 '중간언어'라는 용어는 Selinker(1969)에서 소개되었고, 1972년 '중간언어'라는 제목의 논문에서 구체화되었다. 이 논문에서는 목표어의 표준을 생성하고자 하는 제 2언어 학습자로부터 도출된 출력에 기초해서 그 존재를 가정할 수밖에 없는, 분리된 언어적 체계에 대해 고찰하고 있다. 이러한 언어적 체계를 우리는 중간언어라고 부르게 될 것이다.

비록 Selinker의 논문 어디에도 명시적으로 진술되지는 않았지만, Selinker가 중간언어를 역동적인 체계로 이해했다는 것은 분명하다. (역동적인 체계로서의 연속체의 개념에 대해서는 Bickerton(1975)을 보라.) Selinker는 중간언어 체계를 두 언어 체계 — 모국어와 목표어 — 사이의 심리언어학적인 상호작용 과정의 생산물로 간주하고 있음을 분명히 하고 있다. 나아가 Selinker는 화석화의 개념을 많은 양을 할애해서 상술하고 있는데, 화석화를 특정 모국어 화자들이 목표어에서 받은 교수의 양과는 무관하게 그들의 중간언어에서 어떤 언어적 항목이나 규칙 또는 하위 체계를 유지하는 기제로 설명하고 있다. Selinker는 분명 중간언어를 연속체로 여기고 있다. 그는 또한 중간언어의 언어 구조를 생성하는 언어수행에서, 제거되어야 하는 것으로 여겨지는 규칙적인 재적용(reappearance) 또는 재출현(re-emergence)을 말한 데에서, 자신이 backsliding이라고 부른 퇴행의 과정을 명확하게 인식했다. 그는 특히 그러한 퇴행이 무작위적이거나 필수적으로 모국어를 향하는 것이 아니라 중간언어의 표준을 향한다고 기술하였다. 정해진 중간언어 표준이 아니라 어떤 중간언어 표준임에 주목하라. 이는 중간언어 규범이 언어 집단의 제도화된 코드가 아닌 학습자 개개인의 언어 발달과 관련되어 있음을 분명히 하는 것이다. 마지막으로 그는 중간언어로부터 나온 언어적 재료를 특정 목표어와 같도록 재조직화하는 것을 성공적인 (제2언어) 학습의 정의로 제안한다. 다른 저자들도 동일한 현상에 대해 고찰해 왔으며, 훨씬 더 분명하게 제2언어 학습자의 언어를 역동적인 체계로 인식해 왔다. Nemser(1971)는 근접 체계의 연속체에 대해 언급하면서, 학습자가 안정기에 도달하는 지점에서 근접 체계의 안정된 변이체들이 (예컨대 이주 노동자들 사이에서) 발견된다는 것을 인정하고 있다. 이는 Selinker의 화석화 개념과 유사하다(하지만 같지는 않다.).

Nemser에서 사용된 '체계'라는 용어는 이론 언어학에서 사용된 것과 같다. '역동적 체계'의 개념은 James(1974)가 '체계가 유동 상태에 있다면 어떻게 하나의 체계가 하나의 체계로 남아 있을 수 있는가'라고 물었을 때 분명히 했던 것처럼 그렇게 사용할 수는 없다.

놀랍게도 Selinker의 초기 논의에는 복잡성이나 정교성을 증대시키는 특성을 갖고 있는 것으로서의 중간언어 연속체에 대한 개념이 없다. 학습자의 체계를 모국어로부터 목표어까지 같은 수준의 복잡성 안에서의 재구조화로 중간언어 연속체를 관찰했다고 제안한 그의 초기 논문에는 중간언어 연속체에 대한 개념에 대해 전혀 언급하고 있지 않다. 이러한 관점은 Bickerton(1975)에서도 여전히 유지되었다. 비슷한 시기에 다른 필자들 Richard(1971), Corder, Nemser도 점진적인 복잡성의 하나로서 연속체의 이동을 인식하지 못했다고 덧붙이는 것은 타당하다. 이는 아마 우리 모두가 제2언어 학습자의 오류를 기술하고 설명하는 데에만 그리고, 그러한 오류들을 통해서 제2언어 학습의 과정 및 전략을 관찰하는 데에만 관심을 가지고 있었기 때문이다. 우리는 오류를 재구조화의 과정과 축적으로 생각하고, 필수적으로 복잡성의 증대를 포함하고 있는 과정 그 자체로 생각하지 않았다. 그 당시 우리는 학습자의 오류가 여전히 모국어 특성의 전이 때문이라고 믿었다.

중간언어 연속체에 대한 개념이 단지 재구조화의 하나인 한, 어떤 가치나 일반성도 남지 않는다. 왜냐하면 그것은 단지 하나의 완전 복잡 코드와 다른 것 사이의 이동으로 볼 수 있기 때문이다. 그래서 학습 상황에 포함된 언어들만큼의 많은 중간언어 연속체가 있으며, 재구조화의 연쇄는 모두 다르고 이론에 의해 예측되는 오류들은 모두 전이 오류이다.

Richard(1971)가 언어 학습자의 가설적인 전략의 하나로 단순화 (simplification)를 지적한 것은 사실인데, 그것은 그가 중간언어 연속체가 복잡성을 증대시키는 것으로 생각했다는 것을 내포하고 있다. 하지만 그는 단순화를 다른 언어 화자가 새로운 언어를 배우고 사용하기에 쉽게 만들어 주는 방법(Richard 1974)으로 기술하고 있다. 그때까지만 해도 언어 학습을 연구한 많은 다른 연구자들이 단순화의 개념을 학습 전략으로 받아들였다. 이는 정확하지 않은 개념으로 보인다. 단순화는 학습 전략이나 과정의 결과이다. 비록 단순화가 의사소통 전략 ― 화자는 효과적인 의사소통을 하기 위해 자신의 지식을 사용하는 방법 ― 이라는 것은 당연하다 할지라도, 단순화 그 자체가 학습 전략일 수는 없다(Widdowson 1977). 이는 모국어 화자의 경우에 의심할 수 없는 사실인 것처럼 중간언어 화자의 경우도 마찬가지이고, 특히 제2언어 교사의 경우에는 더욱 더 그렇다. 처음부터 학습·습득 전략과 의사소통 전략을 구분해 두는 것이 중요하다. 즉 학습·습득 전략은 학습자가 스스로 창조하는 심리적인 과정 또는 자신이 접한 자료에 기반하고 있는 언어 체계를 발견하는 심리적인 과정을 말하며, 의사소통 전략은 학습자가 가지고 있는 언어학적 지식이 무엇이든지 간에 학습자가 자신의 의사소통 목표를 달성하기 위해 활용하는 장치를 가리킨다. 모국어 화자이든 다른 어떤 경우이든 모든 화자는 의사소통 전략을 채택한다. 중간언어 화자의 의사소통 전략들은 이제 막 연구되기 시작했다(Varadi 1973, Levenston 1971, Tarone et al 1976).

물론 이 둘 사이에는 중요한 연결고리가 있다. (a) 중간언어를 발전시키고자 하는 동기 중의 하나는 화자가 자신의 의사소통 전략이 의사소통 목적에 부적절하다는 것을 발견하는 것이고(James 1971, 방언 확장), (b) 학습자가 자신의 중간언어 체계에 기반하여 만든 자료는 의사소통 전략을 사용하는 다른 화자에 의해서도 만들어진다. 이러한 자료는 아마도 엄마가 어린이에게, 모국어 화자가 외국인 학습자에게, 또는 교사가 제자에게, 어떤 경우에는 또 다른 중간언어 화자가 학습자에게처럼 의도적으로 단순화된 것이다. 이는 피진어에서 발견되는 '우회적인 형태들'(periphrasis)을 설명할 수 있다. 왜냐하면 우회적인 형태는 전형적인 의사소통 전략이기 때문이다. 하지만 의사소통에서의 단순화 전략이 반드시 형식적으로 일탈한 발화를 만들어 내는 것은 아니라는 점에 유념하라. 그 차이는 단순한 문법과 해석하기에 단순한 발화 사이에서 만들어진다.

서로 모국어가 다른 화자가 유사한 오류를 만들어 냈고, 그래서 잠재적으로 다른 많은 중간언어 연속체들 내에도 유사성이 있다는 증거가 유효해지기 전까지, 중간언어 가설은 설명력이 부족했다. 이러한 증거는 지난 몇 년 동안 충분하게 밝혀져 왔다.

이러한 증거는 학습자의 모국어가 무엇이든지 간에 중간언어는 적어도 초기 단계에서는 유사한 발달 연쇄를 겪는다는 견해 쪽으로 관심을 돌리게 한다. 이러한 증거는 비공식적인 학습 환경에 놓여 있는 어린이들의 경우에 잘 입증된다. 유사한 환경에 있는 어른들 역시 마찬가지라는 증거도 나오고 있으며(Perkins and Freeman 1975), 공식적인 학습 상황, 심지어 교수요목이 부여된 학습 상황에 있는 일부 어른들에게서도 증거가 나오고 있다. 더군다나 중간언어 연속체가 단순히 모국어 체계의 점진적인 재구조화의 하나가 아니며, 학습자에 의해 만들어진 오류가 대부분 전이 오류라는 것 역시 사실이 아니라는 것은 분명해지고 있다. 하지만 그들의 발화가 모국어를 습득하는 어린이의 체계와 유사한 역동적인 체계라는 증거를 보여주며, 적어도 어느 정도까지는 동일한 단계의 연쇄를 따른다는 것도 분명해지고 있다. 실제로 제2언어 학습은 재구조화 과정이라기보다는 재창조의 과정이며, 그래서 모국어 습득과 유사하다고 주장하기도 하였다(Dulay and Burt 1972).

이제 중간언어 연속체에 대한 개정된 정의는 '복잡성을 증대시키는 역동적이고 목표 지향적인 언어 체계'라고 할 수 있다. 이 정의는 그러한 연속체가 어떤 언어 집단에서 제도화되는 것을 가리키지 않는다는 점에 유의하라. 다시 말해서 (L1 또는 L2) 언어 학습자의 중간언어는 대개 언어 집단 구성원들 사이에서 의사소통을 위해 사용되지는 않는다. 이러한 상황이 없는 것은 아니다. 예컨대 교사의 수업 언어가 제2언어인 국제학교(second language medium school), 국제 하계 과정 등과 같은 경우 등이 이에 해당한다. 또한 여기에 어떠한 일상 모국어도 공유하고 있지 않은 이주 노동자들을 포함할 수 있다(예컨대 외국인 근로자). 그러한 경우에 어느 정도 안정화 또는 화석화가 발견될 수 있다(Clyne 1968). 이는 Selinker(1972)와 Nemser(1971) 두 사람 모두가 인정한다.

나는 중간언어 연속체를 발달적 연속체라고 부르고자 한다. 나는 위에서 정의한 중간언어의 특성이 제1언어 학습자의 경우에도 또한 사실임이 분명하다고 생각한다. 물론 발달적 연속체들의 형식적인 언어학적 특질이 반드시 동일한 것은 아니지만, 적어도 초기 단계에서 그렇게 보인다는 것은 흥미로운 사실이며, 그것은 제1언어, 제2언어 양자 모두에게 공통의 기초로서 창조적 과정임을 강하게 가리킨다.

발달적 연속체로 분류할 수 있는 대상이 되는 다른 연속체는 적어도 두 개가 더 있다. 그것은 선피진어와 후피진어(선크레올) 연속체이다. 이들은 모두 하나의 목표어 또는 지시 언어를 가지고 있다는 점에서 목표 지향적이다. 이들은 모두 복잡성을 증대시키는 특성이 있고, 중간언어 연속체처럼 자질의 함축척도로 기술될 수 있다(Ee Camp 1971). 하지만 이들은 모두 제도화/안정화에 의지한다는 점에서 L1 또는 L2 연속체와는 다르다. 화자들은 상호 의사소통을 위해 상황에 의존하면서 언어를 사용한다. 그리고 그 언어는 모델/목표의 약화 때문에 또는, 화자의 의사소통적 요구나 통합적인 요구(cf. 화석화)에 부응하는 복잡성의 정도에 도달하였기 때문에 안정화될 수 있다. 후피진어 연속체는 의사소통적 요구나 통합적인 요구의 확장된 조합에 의해 또는 모델/목표의 재도입(필수적으로 동일한 것은 아니다. cf. 어휘교체(relexfication))에 의해 나타난다. 나는 이들 두 연속체가 본질적으로는 하나라고 여기고 싶다. 왜냐하면 중간언어 연속체와 마찬가지로 학습(발달)이 비슷한 이유로 중단되거나(모델의 부재, 의사소통 요구의 만족) 다시 시작될 수 있기(목표어 자료의 유용성, 의사소통 요구의 확장) 때문이다.

다시 한 번 말하지만 이들 연속체의 형식적인 언어적 특성이 특별히 초기 단계에서는 중간언어 연속체들의 그것과 유사성을 보인다는 것은 흥미로운 사실이다. 세 개의 발달적 연속체가 유사성을 띠는 것은 이들이 모두 학습을 포함하기 때문이며, 의심의 여지없이 이들이 의사소통 요구의 확장에 의해 동기화되기 때문이다. 하지만 중요한 것은 초기 단계에서는 서로 이질적인 상황임에도 학습 문제에 대한 해결책은 모든 경우에 유사한 형식적 결과를 가져온다는 사실이다. 다시 말해 이들 연속체 모두가 동일한 지점에서 출발하는 것처럼 보인다. 이는 모든 제2언어 학습 과정이 재구조화인 경우보다는 재창조인 경우가 더 많다는 관점을 강력히 지지한다.

지금까지 세 연속체가 모두 복잡성을 증대시키는 특성을 보여준다는 점에서 발달적 연속체로 분류해 왔다. 하지만 물론 이러한 특성을 보이지 않는 다른 언어 연속체도 있다. 언어 수행에서 변이에 대한 연구는 완전히 복잡화된 코드를 가진 모국어 화자가 원리화된 방식 안에서 상호작용의 사회적 상황에 대한 이해에 따라 그리고, 그들이 참여한 의사소통 과업의 유형에 따라(예컨대 내용보다는 형식에 대한 주의 정도) 그들의 언어 수행을 변경한다는 것을 분명히 보여주고 있다. 또한 이제는 L1 또는 L2 중간언어 화자가 자신이 활용할 수 있는 선택 영역 내에서 언어 수행을 변경한다는 것도 분명해지고 있다. 이는 등가의 복잡성을 가진 코드로의 이동 또는 복잡성의 크기를 하향 이동하는 것을 포함할 수 있다. 모국어를 사용하는 어린이들이 어린 동생과 이야기하거나 부모에게 장난을 칠 때, 앞선 단계 ― 예컨대 덜 복잡한 형식 ― 로 퇴행하는 것이 규칙적으로 관찰되어 왔다. L2 중간언어 화자(교사 포함)도 언어 수행이나 의사소통 과업에서의 중간언어 사용에서 유사한 퇴행(regression) 또는 퇴보(backsliding)를 보인다(Dickerson 1975, Ervin-Tripp 1974). 유사한 변이성이 피진어 화자에게서도 규칙적으로 관찰된다. 게다가 이미 완전히 복잡한 코드를 가지고 있는 성인 모국어 화자 역시 적절한 환경에서 외국인 말, 유아어 등처럼 덜 복잡한 체계(단순화된 언어사용역(simplified registers))를 사용하기 위하여 발달적 연속체에서 하향 이동한다(Ferguson 1971, Corder 1977a). 전환(swiching)이나 이동(shifting)과 같은 형식과 구별하기 위해 수직적 변이성이라고 부를 수 있는 언어 사용에서의 변이성의 범위가 있는 것으로 보인다. 전환이나 이동은 복잡성의 하향 이동을 포함하는 것이 아니라 복잡성을 가로지르는 것으로 이를 수평적 변이성이라고 부를 수 있다.

이러한 후자의 유형이 바로 Labov, Gumperx, Trudgill, Bailey에 의해 광범위하게 연구되어 왔던 변이성의 유형이며, 이는 우리에게 비발달적 연속체 또는 방언적인 것이라고 부를 수 있는 또 다른 유형의 연속체에 대해 말할 수 있게 해 주었다. 이러한 연속체들은 방언 연쇄, 사회방언 연속체 또는 탈크레올어(후크레올) 연속체로 표현되고 있다(Tsuzaki 1971, Bickerton 1975). 이들은 과거에 종종 언어학적 관점에서 분리된 언어적 체계, 방언, 변종, 또는 언어사용역을 구성하는 것으로 다루어져 왔으며, 물리적, 사회적, 시간적 범위를 통과하는 이동과 관련시켜 왔다. 하지만 개별 언어 화자의 레파토리의 관점에서 그러한 언어 연속체는 언어 수행이 차지할 수 있는 영역(개인적인 다중교수(polylectalism), 개인적인 이중언어 등) 안에서 나타낸다. 이러한 연속체들은 발달하는 복잡성의 연속체가 아니라는 점에서 중간언어 연속체와는 구분된다. 예컨대 Bickerton의 후크레올어 연속체에 대한 연구에서 하층방언, 중층방언, 상층방언은 등가의 언어학적 복잡성과 등가의 기능을 갖고 있음이 분명하다. 그래서 방언적 연속체들(하층방언-중층방언-상층방언)은 목표어와의 관계에서 단순성의 정도가 아닌, 화자에 의해 인식된 규범 또는 표준으로부터의 '거리'(distance)(재구조화의 정도)에 의해 기술될 수 있다. 물론 방언적 연속체와 사회방언적 연속체들의 본질은 같다. 실제로 만일 하나라면, 이들 모든 방언적 연속체들을 언어학적 용어로 변별하는 것은 명확하지 않다. 하지만 이들은 준거가 되는 규범을 지향하는 특성을 공유한다. 준거가 되는 규범은 보다 공식적인 상호작용 상황에서 표준적이거나 권위 있는 언어 형식으로의 이동에 의해 또는, 사회적 결속을 강조할 때의 규범이나 과도교정의 증거로부터 의식적으로 멀어짐으로써 화자가 명시적으로든 암시적으로든(행동으로부터의 추론에 의해)

표준적이거나 권위 있는 형식을 규범으로 인지하는 것이다. 게다가 보통 보다 상층 방언의 생성적 언어 구사 능력은 화자들로 하여금 보다 하층 방언에 대한 수용적 언어 구사 능력을 제공하는 특성이 있다. 하지만 그 반대는 성립하지 않는다. 이러한 관점에서 생성적으로 그리고 수용적으로 퇴행할 수는 있지만 비록 어느 정도까지는 수용적으로 전진할 수는 있다 하더라도 생성적으로 전진할 수는 없는 중간언어 화자와 닮았다 (Bickerton 1975).

아래에 제시된 그림은 같은 정도의 복잡성에서 재구조화함으로써 또는 복잡성을 감소시키는 방향으로 단순화함으로써 연속체들이 표준/목표로부터 퍼지는 것이다.

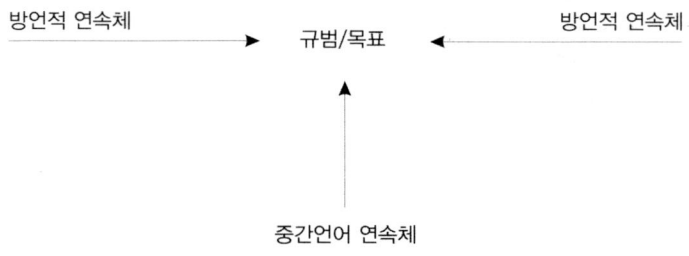

이 모델은 어떤 화자가 이동할 수 있는 그리고, 화자의 수용적이고 생성적인 레파토리나 영역이 위치할 수 있는 적어도 두 차원의 공간을 기술하고 있다(물론 생성적인 언어 수행에서 발견될 수 있는 어떤 불연속성 – 예컨대 분리된 영역의 화자와, 2가지 언어나 2가지 언어 형식을 사용하는 화자(diglossic speakers) – 을 허용한다.). 나는 의도적으로 규범을 표준 방언이라고 기술하지 않았다. 왜냐하면 중간언어의 목표가

표준 방언이 되어야만 하는 것은 아니기 때문이다. 비표준적인 형식의 제1언어나 제2언어를 가진 학습자가 있듯이 표준적인 방언이 아닌 다른 어떤 방언도 중간언어의 목표가 될 수 있기 때문이다.

이상의 논의를 정리하면, 언어는 발달적 연속체와 (소위 다른 언어들을 연결하는 방언 연쇄를 포함하는) 방언적 연속체라는 두 가지의 기본적인 유형의 연속체로 이루어진 다차원적인 것이다. 전자는 언어 학습자에게 있어서 특정 목표로의 복잡성을 증대시키는 특성을 갖고 있으며, 후자는 등가의 복잡성을 가지고 있으면서 특정 언어 집단에서 준거-규범 지향적인 특성을 갖고 있다. 나는 발달적 연속체를 중간언어 연속체라고 부를 수 있다고 제안한다.

원래 중간언어 가설은 중간언어 연속체를 비발달적인 즉, 방언적인 것으로 생각하였다. 그것은 제2언어 습득이 하나의 재구조화 과정이라는 함의에 따른 것이었다. 제1언어의 경우 언어 학습은 분명 창조적인 과정이고, 개인별로 순수히 발달적인 연속체를 산출한다. 실제로 특정 개인의 제2언어 학습은 아마도 재구조화와 재창조의 비율에 변화를 가한 혼합물이다. 많은 경우 또는 특정 언어 습득 상황에서 전이 오류가 나타나는 것은 재구조화의 증거이다. 반면 전이 오류가 나타나지 않는다거나, 제1언어 학습자의 언어에서 발견되는 것과 비슷한 발달적 오류(예컨대 과잉일반화)로 부를 수 있는 것들이 우세한 것은 재창조의 증거이다.

지금까지의 모든 언어 교수는 제2언어 학습이 방언적인 또는 재구조화된 연속체를 따라가는 과정이라는 생각에 바탕을 두고 있다. 하지만 제2언어 학습이 발달적인 또는 창조적인 중간언어 연속체를 따라가는 과정이라고 보는 것이 더 자연스럽고 보다 현실적이다. 기본적으로 이러한 관점은 Nickel(1973)과 Widdowson(1977)에서 제시된 것이다. 이러한 관점에서 Nickel(1973)은 자연언어 학습 상황에서 나타나는 형식의 진행에 대한 연구로부터 발달적 교수요목을 도출하고 이를 가르칠 것을 제안하였고, Widdowson(1977)은 교사의 단순화는 학습 과정의 특정 단계에 있는 학습자의 단순화에 근접해야 한다고 제안하였다.

10

언어간 거리와
언어 학습 과업의 크기

    학습자는 언어 학습자로서 학습자의 경력에 대한 예측과 상관성을 가지는 다양한 특성들을 수업에 가지고 들어온다. 이러한 특성들은 소속집단의 구성원으로서의 산물이다. 학습자는 일반적인 그리고 특정 제2언어 학습에서 언어와, 언어 학습에 대한 태도, 언어 학습에 대한 소신, 언어 학습을 위한 동기, 언어 학습에서의 전통을 공유한다. 또한 학습자는 자신의 개인적인 성장 배경이나 경험에 의해 형성된 독특한 개성을 갖고 있다. 이 장에서는 이러한 특성들 중에 단지 2가지 특성의 역할에 대해 살펴보고자 한다. 이 2가지 특성은 모두 학습자가 속한 집단과 관련되어 있다. 즉 그것은 모국어 및 학습자에게 알려진 어떤 다른 언어의 특질 그리고, 학습자에게 주어진 학습 과업의 특질, 범위와 성공 가능성에 대한 아마도 학습자가 공유하고 있는 현재 자신이 속한 집단에 대한 소신을 말한다.

언어 집단의 구성원들은 특정 제2언어 학습 과업의 크기에 대해 어떤 소신을 가지고 있으며, 이는 이론의 여지가 없는 사실이다. 외국어 학습 과업의 상대적인 크기를 평가하고 이에 대해 합리적인 설명을 제공할 수 있다는 것은 충분히 가능한 일이다. 예컨대 영국 외무 서비스(British Foreign Service)는 다른 언어군의 학습에서 가정되거나 실제 경험한 어려움의 크기에 따라 언어 숙달 할당량을 다른 비율로 부여함으로써 그리고, 구성원들에게 언어 교수 기간을 다르게 부여함으로써 이러한 과업을 정량화한다. 이 어려움의 크기는 영어와 어떤 특정 언어와의 언어적 또는 구조적 거리라고 부르는 것과 일치한다. 가장 높은 할당량을 요구하는 것으로 분류되는 언어는 일본어, 버마어, 중국어, 한국어이고, 중간 정도의 할당량을 요구하는 언어는 폴란드어, 러시아어, 페르시아어, 터키어이고, 가장 낮은 할당량을 요구하는 언어는 덴마크어, 독일어, 스페인어 등의 유럽 제어들이다.

물론 언어적 거리의 정도를 확립하고 측정하는 데 있어 기술적이고 이론적인 문제는 있다. 하지만 학습 과업에 대한 평가는 의심의 여지없이 언어 유형론 연구에 의해 확립된 계통론적 관계와 관련되어 있다. 그래서 영어가 모국어인 화자에게는 페르시아어가 아랍어보다, 독일어가 러시아어보다 더 습득하기가 쉬운 것으로 보고되고 있고, 일반적으로 그렇게 받아들여지고 있다.

Kellerman(1977)은 학습자들이 자신의 모국어 형식을 제2언어 수행으로 전이할 가능성을 가지고 있다는 생각을 고찰해 왔다. 이 뒤에 그 이유가 제시되겠지만 개인적으로 이러한 현상을 '차용가능성'(borrowability)이라고 부르는 게 낫다고 생각한다. 학습자는 자신의 모국어와 목표어에서 무엇이 유사한지에 대해 꽤 분명한 생각(물론 때론 잘못된 것이기도 하지만)을 갖고 있으며, 그래서 차용이 가능하다. 초기 단계에서 학습자들은 모국어를 실제보다 더 특별한 것으로 여김으로써 오류를 범하는 것으로 보인다. 그러다가 자신의 모국어가 특별하다는 것에 대한 보다 현실적인 평가가 이루어지고, 모국어로부터 차용하고자 하는 마음이 더 늘어나게 된다. 또는 이것은 언어적 거리에 대한 보다 현실적인 평가가 이루어지게 된다고 말할 수 있다.

하지만 외국어를 학습하고 있는 소속 집단의 축적된 경험이 외국어 습득을 위한 학습 과업의 상대적인 크기에 대한 현실적인 평가를 합리적으로 유도한다고 제안한다. 그리고 이는 모국어와 학습하고 있는 언어와의 형식적인 언어적 관계와 거의 일치한다고 제안한다.

물론 이 개념은 새로운 것도 아니고, 이에 대한 설명은 간단하다. 언어적 차이/거리의 정도가 클수록 학습 과업은 더 커지고, 또한 언어적 거리를 또 다른 방식으로 표현하기 위해서 L1과 L2를 넘나드는 학습 경로도 더 길어진다(Lado 1961). 이러한 설명은 분명 (a) 학습의 출발점은 모국어이고, (b) 학습 과정은 본질적으로 일종의 재구조화임을 가정한 것이다. 재구조화가 더 많이 요구되면 될수록 학습 과정은 더 길어지고, 학습 과업도 더 커진다. 물론 이러한 설명에서 '어려움'의 정도에 대한 개념을 들먹이는 것은 불필요하다. 과업의 크기는 어려움의 척도와 논리적으로 연결되어 있지 않다.

이러한 관점에서 우리는 목표어의 문장에 대한 습득으로 논의를 좁혀야 한다. 제2언어 음운 습득이 본질적으로 재구조화 과정이라는(Dickerson

1975) 데에 대해서는 타당한 증거들이 있는 것으로 보인다. 제2언어 학습자가 유아가 모국어를 습득할 때와 같은 음운적 발달 과정을 나타낸다고는 아무도 제안하지 않는다. 어휘 습득과 관련해서는 아마도 모국어 어휘 습득과 마찬가지로 매우 문맥에 의존되어 있다는 것 정도를 말할 수 있을 뿐 다른 견해를 가지고 있지 않다.

제2언어 문장을 학습하는 것이 본질적으로 재구조화의 과정이라는 가설은, 특별히 초기 단계의 학습에서는 예측 가능하듯이, 학습자의 중간언어 수행에서 모국어의 특성(이하에서는 '간섭오류'로 표현)이 보다 많이 발견된다는 사실에 의해 지지되었다. 하지만 이 가설에 대해서 두 가지 반론이 제기된다. 첫째, 결코 모든 학습자가 발화에서 간섭오류를 보이는 것은 아니며, 많은 간섭오류는 유사한 학습 환경에 있는 학습자들 사이에서조차도 예측 불가능하게 그리고 상당히 다양하게 나타난다는 사실이다. 둘째, 재구조화 가설은 학습자의 중간언어 문법이 학습의 모든 단계에서 같은 수준의 복잡성으로 남아 있다고 예측한다는 점이다. 이것은 재구조화 가설이 유지될 수 없다는 데에 대한 명백한 반론은 아니다.

또 다른 가설은 학습자가 제2언어 학습을 위한 '내재화된 실러버스'(built-in syllabus)를 가지고 있다는 것이다. 이 가설은 이 책의 제1장에서[4] 제일 먼저 제안된 이래 많은 학자들(Dulay and Burt 1973, 1974; Bailey, Madden, and Krashen, 1974; Larsen-Freeman 1975; Hatch and Wagner-Gough 1976; Hyltenstam 1977)에 의해 연구되었다. 특정의 자

---

4) [역자 주] 이 책의 제1장은 "Corder(1967), 'The Significance of Learner's Error', *International Review of Applied Linguistics* 4-4."를 말한다.

료에 직면했을 때, 학습의 자연스러운 인지 과정은 우리가 문법이라고 부르는 인지 구조를 활성화시키는 연쇄를 결정한다. 그 당시에는 제2언어 습득에 대한 어떠한 경험적 연구도 이루어지지 않았기 때문에 '실러버스' 또는 '자연스러운 단계'(natural sequence)의 실제 본질이 명시되지 않았지만, 이제 '내재화된 실러버스' 가설에 대한 두 가지의 가능한 가설을 볼 수 있다. 강가설은 학습자의 모국어가 무엇이든지 간에 모든 제2언어 학습자는 대략 같은 발달 과정을 따른다고 가정한다. 반면 약가설은 모국어의 특성에 의해 발달 단계가 조건지워진다는 것만 가정한다.

강가설은 다시 두 개의 버전으로 나뉜다. 하나는 L1 = L2 버전(Dulay and Burt 1973)으로, 이는 모국어나 제2언어 습득 모두 발달 단계가 유사하다고 주장하는 것이다. 다른 하나는 모국어 학습자의 발단 단계와 유사한지에 대해서는 명시하지 않고 단순히 모든 제2언어 학습자에게 공통되는 특별한 자연스러운 단계가 있다고 주장하는 것이다.

강가설에 반대하는 논거는 강가설이 어떤 형식으로든 사실이라면, (a) 경로와 목표 지점이 무엇이든지 간에 완전히 복잡한 자연 언어는 똑같이 복잡하기 때문에 그렇다면 어떤 L2도 동일한 학습 과업을 제공해야만 한다. 자연언어가 전체적인 복잡성에서 다양하다는 어떠한 증거도 없다. 정상적인 유아의 모국어 습득은 같은 수준의 의사소통적 언어수행에 도달하는 데 거의 비슷한 시간이 걸린다. 모든 언어가 모든 모국어 화자에게 동일한 학습 과업을 제공하는 것은 아니기 때문에, '내재화된 실러버스'의 강가설은 실패한 것으로 보인다. (b) 만일 모국어가 제2언어 습득에서 아무런 역할도 하지 않는다면, 학습자의 발화에서 나타나는 간섭오류 현상에 대해 다른 설명을 찾아야만 한다는 것이다. 내가 생각하기에 모국어가 제2언어 습득에서 아무런 역할도 하지 않는 것은 적어도 부분적으로는 가능하다. 그러나 간섭 현상이 없다고 해서 모국어가(그리고 다른 언어가) 학습 과정에서 아무런 역할도 하지 않았다고 보는 것은 논리적으로 따르기 어렵다.

하지만 내재화된 실러버스의 약가설에 반대하는 논거는 대체로 납득할 만하다. 약가설에 반대하는 논거는 (a) 학습자, 어린아이, 성인이 그들의 모국어가 무엇이든지 간에 자발적인 학습이나 공식적인 교수 상황에서 꽤 유사한 일련의 발달 단계를 거치는 것으로 보인다(관련된 연구에 대한 토론은 Krashen 1977)는 것에 대한 납득할 만한 증거를 제시해야 한다. 만일 내재화된 실러버스가 실제 모국어의 특성에 의해 조건된다면, 다양하고 구조적으로 다른 모국어를 가진 학습자들의 경우에 발달 단계가 상당히 다르리라는 것을 예측할 수 있다. 물론 실제 그런 사례가 아직 확인되지는 않았다. (b) 약가설은 또한 간섭현상이 모든 학습 환경에서 특정 모국어를 가진 모든 학습자들에게서 비슷하게 그리고 지속적으로 나타날 것으로 예측한다. 하지만 이 역시 실제 그런 사례가 발견되지는 않았다(Clyne 1968, Dulay and Burt 1973).

내재화된 실러버스 가설 즉, 재창조 가설(re-creation hypothesis)의 강형식이든 약형식이든 그것의 형식만으로는 확증될 수 없는 것으로 보인다. 제2언어 습득의 적절한 모델로서 요구되는 가설은 다음의 발견들과 양립할 수 있어야 한다.

1. 다른 학습 환경에서의 간섭현상 출현의 변이성
2. 제2언어의 어떤 양상을 습득할 때, 서로 다른 모국어를 가진 학습자들의 매우 유사한 순차적 발달
3. 모국어가 다른 학습자들의 제2언어 학습 과업의 상대적인 크기의 차이

차례대로 이들 각각의 요점을 설명하겠다.

1. 부정적 전이의 개념은 일반적으로 중간언어 발화에서 나타나는 간섭 현상을 설명하기 위해 도입되었다. 이는 L1과 L2 체계가 서로 닮은(긍정적 전이) 곳에서는 모국어가 학습을 촉진하는 효과를 가질 수 있다는 것을 내포한다. 일반적으로 간섭 또는 저지(inhibition)와 촉진(facilitation)은 동전의 양면이라고 가정되었다. 물론 사실 이는 논리적인 필연성은 아니다. L1의 특성이 학습을 촉진할 수도 있고 촉진하지 않을 수도 있지만, 촉진의 실패가 전이나 저지와 같은 것은 아니다. L1의 특질이 L2와 유사성을 갖고 있을 때 내재화된 실러버스를 보다 빠르게 활성화시킬 수 있지만, 다를 때는 단순히 아무런 효과도 나타내지 않는다고 가정하는 것은 순전히 논리상의 문제이다. 그러한 경우에 L1과 유사하지 않은 L2의 측면을 발견하는 인지학습 능력으로부터 학습자는 도움을 받지 못하는 상태로 남겨진다. 촉진은 분명히 학습자의 발화에서 간섭 현상을 유도하지는 않으며, 비촉진 역시 마찬가지이다. 각각의 경우에 만들어진 오류는 발달적인 것이지 간섭오류는 아니다. 하지만 촉진의 경우 실러버스를 통하는 것이 가속화될 것이기 때문에 발달적인 오류의 양은 더 적어질 것으로 기대할 수 있다. 그러면 간섭 현상은 어디에서 오는 것인가?

순전히 개연적이고 상식적인 대답이 오랫동안 유효성을 가졌다. 의사소통의 요구에 직면했을 때 학습자는 성공적인 의사소통의 가능성을 증대시키는 자신이 가지고 언어 지식에 의존하게 된다(Corder 1973). 만약 학습자가 성공적인 의사소통을 달성하기 위해 필요한 L2 지식이 부족하다면, 그때 학습자는 이러한 결점을 보완하기 위해 L1이나 자신이 알고 있는 다른 언어에 의지할 것이다. ─ 구걸(beg)이나 차용(borrow)이나 또는 훔치는 것(steal). 그리고 전형적으로 학습의 시작 단계에서 그러한 결점이 크면 클수록 차용의 양도 커진다(Taylar 1975). Newmark가 말했듯이 간섭은 단순히 새로운 언어적 행동을 배우기 전에 수행을 요구 받은 언어 수행자의 결과이다. 그 결과는 예전 지식을 사용한 채워놓기 (padding)이다. 즉 아직 알고 있지 못하는 것을 보완하기 위해 이미 알고 있는 것을 제공하는 것이다(Newmark 1966, Krashen에서 재인용). 그리고 간섭의 치료는 단순히 무지에 대한 치료 즉, 학습이라고 덧붙였다. 이는 중간언어가 복잡화되는 동기가 의사소통 요구에 대한 압력이라고 말하는 것의 다른 방식의 표현이다(Valdman 1978).

학습 전략과 의사소통 전략을 구별하는 것은 이제는 보편적이다. 전이는 보통 학습 전략 ─ 모국어 체계의 중간언어 문법으로의 통합으로 여겨져 왔다. 여기서 심리학에서 전이의 원래 의미 ─ 기능적으로 새로운 행동적 활동에서 이미 익숙해진 행동을 고집하거나 의지함 ─ 를 기억해야만 한다. 또한 전이가 행동주의 학습 이론의 개념이었고, 특별히 지금은 언어수행상의 특징을 가리킨다는 것을 기억하자. 언어능력 또는 기저 인지구조는 이러한 이론에서 아무런 위치도 차지하지 못한다.

하지만 학습 전략으로서 전이의 개념은 모국어같은 특질을 가진 문장의 생성을 설명할 수 있다. 즉 만일 L1의 체계가 L2와 같지 않을 경우, 그러한 문장은 간섭오류로 설명된다. 물론 만일 L1의 체계와 L2의 체계가 유사할 경우에는 전이적 특징이 인지되지 못한 채 지나가게 될 것이다. 이상에서 정리된 가설은 간섭오류를 의사소통 문제에 직면했을 때 중간언어 체계의 간격이나 부적절성을 메우기 위한 다소간 특별히 성공하지 못한 차용으로 본다. 다시 말해 의사소통 전략의 결과로 본다. 물론 이러한 설명은 두 가지 장점을 갖고 있다. (a) 비슷한 학습 환경과 지식을 가진 학습자들 사이에서 발견되는 다양한 간섭의 정도를 설명할 수 있다. 이는 차용을 의사소통 요구 및 실제 언어수행과 관련시킨다. (b) 성공하지 못한 차용(간섭오류) 유형의 상대적인 일관성을 설명하고, 다양한 단계의 내재화된 실러버스 내에서 이미 알려진 또는 예측 가능한 간격을 L1이나 이미 알고 있는 다른 언어로부터의 채워놓기와 관련시킨다. 학습자의 필요한 의사소통 활동 요구가 증가할수록(예컨대 '수단'(mean)과 '목표'(end)의 불일치가 크면 클수록) 일반적으로 차용의 양은 커지고 그 결과로 성공하지 못한 차용(간섭오류)의 양도 커진다.

여기서 간섭오류가 교실 언어 활동(교실 언어 활동에 대해 의사소통이라는 이름을 부여하지 않을 것이다.)과 강하게 관련되어 있으며, 학습자 스스로 언어 활동의 본질을 통제하지 못하는 곳에서는 예상되는 일이라는 점을 주목할 필요가 있다. 자유로운 발화 환경에서는 학습자가 일반적으로 교실에서는 비난받거나 금지되어 있는 모든 종류의 선택 가능한 차용 전략, 예컨대 몸짓, 추측, 완곡어법, 의미적 회피 등을 채택할 수 있다(Tarone et al. 1976).

2. 이론에서 설명해야 하는 두 번째 발견은 서로 다른 모국어를 가진 학습자의 중간언어에서 관찰되는 순차적 발달 양상의 강한 유사성이다 (Hyltenstam 1977). 언어 학습의 출발점은 기본적이고 단순하며, 가능한 한 모든 언어 사용자가 접근할 수 있는 보편문법이라고 앞 장에서 이미 제안한 바 있다. 왜냐하면 언어 습득 과정에서 모든 유아는 그러한 단순한 문법을 만들어 내기 때문이다. 우리는 자신의 언어적 발달을 잊어버리지 않기 때문에 이러한 문법에 접근할 수 있다. 즉 우리는 올라가는 사다리를 버리지 않았다. 특정 환경에서의 의사소통(예컨대 외국인 말, 아이 말)을 위해 그리고 제2언어 습득을 위해 성인으로서 이러한 문법을 활성화할 수 있다(Traugott 1973, Ervin-Tripp 1974). L1 학습과 L2 학습의 초기 단계, 단순화된 언어, 피진에서 놀랄 만한 형식적인 유사성이 보인다는 것은 우연일 리가 없다. 이 가설은 이미 제2언어 습득론에서 성인과 어린이의 형태소 습득 연구로부터 상당한 지지를 받아 왔다 (Schumann 1975).

3. 세 번째로 설명해야 하는 것은 모국어에 따른 제2언어 학습 속도의 상대적인 차이이다. 이미 제안했던 것처럼 유아가 언어 습득에서 직면하게 되는 학습 과업의 크기나 언어 습득에 걸리는 시간의 양은 거의 같은 것으로 가정된다. 모든 유아는 대체로 같은 발달 단계에서 비슷한 수준의 의사소통 능력을 획득한다. 만일 같은 지점에서 출발하고 같은 발달 단계를 따르는 제2언어 학습자들이 모두 그들 자신의 제2언어의 문법을 생성해 내는 과업에 참여하게 될 경우, 왜 그 일을 하는 데 걸리는 시간이 서로 다른가? 왜 동일한 과업임에도 학습자 그룹에 따라 과업의 크기나 걸리는 시간의 양이 다른가? 여기서 제안하는 가설은 여타의 조건이 같

다면(예컨대 동기, 자료 접근 등), 모국어가 촉진의 매개로써 다르게 작동한 것으로 설명한다. 모국어가 목표어와 형식적으로 유사한 경우, 그렇지 않는 경우에 비해 학습자는 발달 연속체(또는 발달 연속체의 어떤 부분들)를 따라서 보다 빠르게 이동할 것이다. 계통적으로 관련된 언어들은 많은 수의 규칙들을 공유하는 것으로 가정된다. 이러한 규칙들은 보다 표면적인 국면에서는 대체로 다르지만 특별히 심층 문법에서는 같다. 그래서 그러한 표면적인 차이를 만날 때까지 발달 연속체를 따라 빠르게 이동한다. 반면 관련이 없는(계통적으로 거리가 먼) 언어들의 경우에는 차이들이 발달 연속체의 모든 단계에 존재하고, 이를 습득하는 속도도 더디다. 이 가설은 동일한 학습 환경(예컨대 노출, 교수, 동기 등)에서 두 개의 다른 언어를 동시에 습득하는 학습자를 대상으로 한 비교 연구를 통해 검증될 수 있다.

여기서 모국어만이 촉진되는 것은 아니라는 것을 기억해야 한다. 하지만 학습자가 알고 있는 다른 언어도 불완전하지만 구조적으로 목표어와 닮은 정도에서 촉진 효과를 나타낼 수 있다. 이 가설은 보다 많은 언어를 알고 있을수록 새로운 언어를 더 쉽게 습득한다는 매우 일반적인 관찰을 통해 지지된다. 이 경우 학습자는 새로운 언어 자료를 처리하는 보다 많은 수의 이미 만들어진 가설들을 가지고 있는 것으로 설명된다. 덧붙여 말하자면 여러 언어에 대한 지식이 실제 촉진 매개로 작동할 수 있다. 그러나 이것은 또한 의사소통 전략으로써 차용에 대한 의존도를 증가시킬 수 있다는 것을 주목하라.

정리하면, 학습 과정 모델에 의하면 학습자는 자신의 학습 프로그램을 기본적이면서 가능한 한 보편적인 문법에서 시작한다. 학습자는 목표어 자료에 대한 노출과 의사소통 필요에 응하여 이러한 문법을 정교화한다. 모든 학습자에게서 정교화는 일정한 순서에 따라 이루어지지만, 발달 연속체에서 특정 학습자의 발달은 그가 알고 있는 언어 지식이 촉진되는 정도에 강하게 영향을 받는다. 모국어 특질이 중간언어로 전이되는 것을 통해서는 촉진을 증명하지 못하지만, 목표어에서 모국어같은 특질을 보다 빨리 발견하는 것을 통해 증명할 수 있다. 허용 불가능한 모국어같은 특질이 발화에서 나타나는 것은 의사소통 전략으로써 차용이 성공하지 못한 결과이다. 다시 말해서 우리들 모두는 이미 어느 정도는 제2언어를 알고 있다. 제2언어 습득 과업의 일환은 우리가 이미 알고 있는 것을 얼마나 많이 찾아내느냐이다. 알고 있는 것을 많이 찾아내면 찾아낼수록 학습 과업의 크기는 줄어든다.

11

의사소통 전략

의사소통 전략은 Selinker(1972)가 제2언어 학습자에 의해 만들어진 오류들을 설명하고자 한 그의 논문 'interlanguage'에서 처음 사용하였다. 이러한 오류들은 학습자가 발화에서 목표어 체계의 부적절한 이해력을 가지고 자신이 전달하고자 하는 의미를 나타내려고 한 결과적 부산물로 간주되었다. Varadi(1973)는 이러한 현상을 가장 먼저 실험적으로 연구 하였지만, 해당 주제로 발표한 이후로 더 이상의 연구는 없다. 의사소통 전략에 대한 틀을 제시하고자 한 가장 최근의 시도는 Tarone, Cohen, and Dumas(1976)이다. 모든 언어 사용자가 자신의 의미를 전달하기 위해 전략을 채택한다는 것은 이제 분명한 사실이다. 하지만 화자가 모국어 화자가 아닐 때 다소간 어려움 없이 이를 인지할 수 있을 뿐이다.

화자에 의해 채택되는 전략은 대화 상대자에 따라 달라진다. 의사소통을 하고자 하는 내용과 그러한 내용을 구성하는 방법은 화자 자신의 언어 지식에 의해서뿐만 아니라 대화 상대자의 언어 능력 및 상대자의 대화 주제에 대한 지식을 판단함으로써 결정된다. 하지만 이 둘 다 가변적이고, 실제 바뀔 수도 있고, 계속되는 상호작용에 의해 발전될 수도 있다. 게다가 의사소통이 상호 협동적 활동이기 때문에, 생성적인 의사소통 전략과 수용적인 의사소통 전략 둘 다를 채택할 수 있다는 것을 가정해야만 한다. 지금까지 누구도 중간언어의 틀 안에서 수용적인 전략에 대한 연구를 시도한 적은 없다.

그래서 의사소통 전략에 대한 연구는 주로 학습자가 목표어의 모국어 화자와 상호작용하는 생성적인 전략에 초점이 맞춰져 있었다. 여기서 대화 상대자인 모국어 화자는 언어 체계에서 완벽한 언어 구사 능력을 가지고 있고 또한, 대화 주제에 대해서도 완벽히 이해하고 있다는 단순화한 가정이 만들어진다.

의사소통 전략에 대한 실제적인 정의는 어떤 어려움에 직면했을 때 자신이 전달하고자 하는 의미를 표현하기 위해 화자에 의해 채택된 체계적인 기술이다. 이 정의에서 어려움은 상호작용에서 사용되는 화자의 부적절한 언어 구사 능력에 대해서만 언급하는 것으로 받아들여진다. 분명히 이는 또 다른 단순화한 가정이지만, 어려운 주제를 연구하기 위한 출발로써 허용하는 부분이다.

많은 현장에서의 연구는 문제에 대한 일반적인 관점이 결여된 것으로 보이고, 그 중 하나는 무엇이 학습 전략이고 무엇이 의사소통 전략인지를 혼동하고 있는 것이다. 몇몇 연구자는 심지어 이 둘을 동의적인 것으로 간주하고 있다. 그 이유 중의 하나는 아마도 두 경우 모두 연구 대상 자료가 화자의 중간언어 발화라는 점에서 같기 때문으로 보인다. 그래서 발화의 어떤 특성이 학습 전략의 결과인지 의사소통 전략의 결과인지 즉, 학습자의 중간언어 체계의 결과인지 또는 의사소통 전략의 특이한 결과인지를 분명히 인지하는 것은 종종 어려운 일이다. 이는 특히 화자의 발화가 모국어와 닮은 특징들을 가지고 있는 경우에 그렇다. 학습자가 스스로 만들어 온 중간언어 문법으로부터 나온 것으로 가정될 수 있는 경우에, 그러한 특질들은 학습 시기에 나타나는 학습자 언어의 일반적인 특성이다. 그래서 모국어 체계를 자기 주도적으로 활용한 학습 전략의 산물이다. 이것이 종종 간섭이라고 부르는 특징이며, 이를 생성하는 학습 전략은 전이 전략이다. 반면에 중간언어 화자는 의사소통 상황에서 자신의 모국어(또는 자신이 알고 있는 다른 언어의) 항목이나 특징을 자신의 중간언어 체계와의 통합 없이 단순히 임시로 차용하기도 한다. 성공적인 차용 다시 말해, 차용된 항목이 대화 상대자에 의해 목표어에서 적형인 것으로 받아들여질 때, 그러한 차용은 해당 항목이 화자의 중간언어 레파토리에 통합되는 결과를 낳기도 한다. 이는 학습으로 간주되기도 한다. Hatch(1978)가 말했듯이 언어 학습은 대화를 수행하는 방법에 대한 학습을 발달시키는 것이다. 성공하지 못한 차용은 물론 거부된다. 의사소통 전략과 학습 전략이 혼동을 일으키는 이유는 이처럼 의사소통 전략과 학습 전략이 상호작용하기 때문이다.

의사소통 전략은 본질적으로 목표와 수단의 관계로 작동된다. 모국어 화자의 경우에는 목표와 수단이 이상적으로 균형을 이루고 있다고 가정된다. 다시 말해 모국어 화자는 자신이 전달하고자 하는 메시지를 표현하기 위한 언어적 수단을 항상 가지고 있다. 하지만 제2언어 학습자의 경우 목표와 수단이 균형을 이루지 못한다. 학습자는 때때로 자신의 언어적 자원으로는 성공적으로 표현하지 못하는 메시지를 전달하기를 원한다. 상호작용 상황에서 학습자가 이러한 상황에 직면할 때, 학습자에게 열려있는 선택은 단 두 가지이다. 하나는 자신이 전달하고자 하는 메시지를 자신이 이용할 수 있는 언어적 자원에 맞추는 것이다. 다시 말해 자신의 목표를 자신의 수단에 맞게 조정하는 것이다. 이러한 과정을 메시지 조정 전략(message adjustment strategies) 또는 위험 회피 전략(risk-avoidance strategies)이라고 부를 수 있다. 다른 하나는 자신의 의사소통 의도를 실현하기 위해 또 다른 수단을 동원하여 자신의 자원을 증대시킬 수 있다. 이러한 전략을 자원 확장 전략(resource expansion strategies)라고 부를 수 있다. 이러한 전략은 비록 위험이 수반되는 전략이긴 하지만 분명 성공 지향적이다. 이 단계에서 의사소통 전략 연구에 교육적인 함의를 염두에 둔다면, 자원 확장 전략을 장려하는 것은 분명 좋은 언어 교수의 하나이다. 우리가 보아온 것처럼 의사소통의 성공적인 전략은 결국 언어 학습으로 유도될 수 있다.

의사소통 전략을 사용하는 학생은 많은 수의 의사소통 전략을 (잠정적으로) 알고 있으며, 그들은 모두 두 가지의 거시적 전략 중의 하나를 사용하고 있음을 발견하게 된다. 메시지 조정 전략 가운데 한 극단은 화제 회피이다. 이는 전반적인 언어적 능력이 부족하다고 느껴서 특정 분야나 특정 화제의 대화에 참여하거나 이를 계속하는 것을 거부하는 것이다. 화제 회피의 덜 극단적인 형태는 메시지 포기이다. 즉 의사소통을 시도는 하지만 포기하는 것이다. 메시지 조정의 완화된 형태는 의미 회피이다. 이는 의도하는 것과 약간 다르게 무엇인가를 말하는 것인데, 그렇지만 여전히 넓게는 대화의 화제와 관련이 있다. 마지막으로 가장 완화된 형태의 메시지 조정 전략은 메시지 축소이다. 이는 말하고자 하는 것을 줄여서 또는 두루뭉술하게 말하는 것이다. 이는 종종 막연하고 일반적인 대화처럼 보인다.

이러한 전략들이 실패를 인정하는 것처럼 간주되어서는 안 된다. 면대면(面對面) 상호작용에서 대화 상대자와의 상호작용을 유지하는 것은 사회적인 관점에서는 거의 필수적이다. 무엇인가를 말하는 것은 종종 실제 말하고 싶은 것을 말하는 것만큼이나 중요하다.

자원 확장 전략으로 돌아왔을 때는 상황이 달라진다. 여기서는 위계에 따라 기법에 순서를 매길 수 없다. 우리는 자주 하나 또는 그 이상의 전략이 동시에 채택되는 것을 발견한다. 이러한 전략들은 모두 오해 또는 의사소통 단절과 같은 실패의 위험성을 안고 있다는 점에서 위험을 가지고 있다. 가장 확실한 전략인 차용 전략에 대해서는 이미 언급한 바 있다. 예컨대 목표어 외의 언어적 자원을 사용하지만 이것은 일정 정도 이미 알려진 종류의 추측, 다시 말해 창안되거나 차용된 항목의 사용을 포함한다. 이들은 모두 학습자의 중간언어가 허용하는 한에서 일정 정도 목표어 구조의 규칙들에 근접되어 있다. 물론 차용의 극단적인 형태는 다른 언어로의 단순한 전환(switching)인데, 이는 위험 부담이 가장 큰 것이다. 반면에 가장 위험 부담이 적은 전략은 부연하기나 돌려 말하기를 사용하는 것이다. 다시 말해 문제를 자신이 알고 있는 지식으로 돌려서 말하는 것인데, 아마도 이는 세련되지는 않지만 성공적이다. 여기서 자원 확장 전략으로써 비언어적 장치(전형적으로 몸짓)의 활용이나 또는 대화 상대자에게 단어나 표현에 대해 도움을 요청하는 것 — 이는 위험 부담이 최소화된 전략이다 — 을 소홀히 해서는 안 된다.

이러한 전략들이 어떻게 솜씨 있게 다루어지는가? 개인적인 요인이 내포되어 있다는 일부 증거들이 있다. 학습자마다 으레 자신이 선호하는 전략에 의지하는데, 일부는 위험을 부담하는 사람, 의사소통을 넘어서는 상호작용의 다른 가치 있는 사회적 요소들에 의해 결정된다. 하지만 학습자가 자신이 전달하고자 하는 메시지를 유지하기 위해 사용하는 전략에 일반적인 선호도는 있는 것으로 가정된다. 다만 시도하는 것이 얼마나 어려운가는 개인에 따라, 발화 상황에 따라 다양할 것이다. 이에 대해 하나의 시험적인 가설로 아래의 기호화 경로(encoding routine)를 제안할 수 있다.

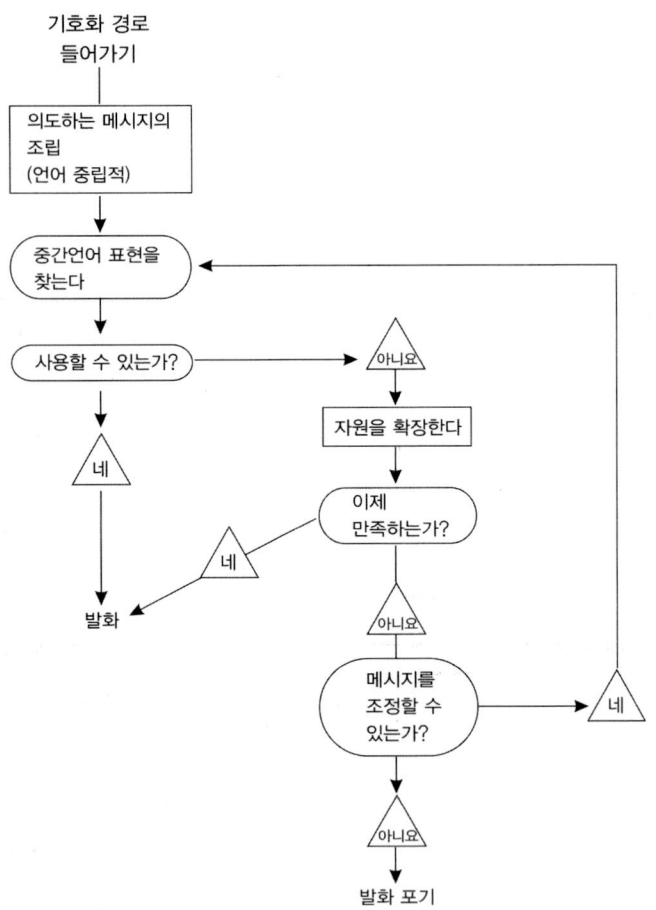

12

형식적 단순성과 기능적 단순화

성인 화자가 자신의 언어 사용 방식 즉, 수사법(修辭法)(그리고 관습적으로 적절한 자신의 문법적 코드)을 사회적으로 허용된 방식으로 대화 상대자에게 맞게 조정할 수 있는 것은 모든 성인 화자가 가진 언어능력의 일부분이다. 그렇게 조정되는 수사법은 일반적으로 언어사용역(register)이라는 용어로 표현된다. 또한 이러한 조정은 대화 상대자가 유아이거나 외국인인 경우에도 일어난다. 이 두 경우의 일반적인 특징은 유아나 외국인은 아직 각자의 목표어 체계, 유아의 경우에는 성인언어 코드, 외국인의 경우에는 제2언어 코드를 온전히 익히지 못했다는 것이다. 어린아이에게 하는 엄마의 발화(Snow and Ferguson 1977)(엄마말), 아이처럼 하는 말(motherese), 보호자 말(caretaker talk) 등)과 외국인에게 하는 (언어를 가르치는 교사를 포함한) 보다 좁은 범위의 모국어 화자의 발화(이를 교사말이라고 부르자.)(Henzl 1974, 1975, Gaies 1978, Hatch et al. 1976b)에 대한 최근의 많은 연구에 따르면, 두 개의 언어사용역을 구별함으로써 생기는 이러한 수사법의 조정은 여러 면에서 꽤 유사하다는 것이 밝혀지고 있다. 그리고 두 경우 모두 언어 체계에 대한 지식에 결함이 있는 대화 상대자와 성공적으로 의사소통을 하기 위한 화자의 우선적인 필요성에 의해 생긴 것이다. 이러한 언어사용역의 특징은 수용 과정의 과업을 최대한 효율적으로 만들기 위해서 과업을 가능한 단순하게 만들고자 하는 것이다. 이는 언어 습득을 활성화하는 기능을 가지는 것으로 보이지는 않는다. 이는 적어도 엄마말의 경우에는 잘 성립되는데, 교사말의 경우에는 아직 분명히 말할 수 있을 만큼 충분히 연구되지 못했다. 언어 습득을 활성화하지 않는다는 것은 다시 말해, 최소한 교실 밖에서 어린아이의 발화에서 입력과 출력 사이에 어떠한 통계적인 관계도 없다는 것이다(Traugott 1977). 부연하자면 적어도 교실 밖에서의 모국어 화자나 언어 학습자의 발화의 경우에도 유사한 발견이 기대된다(cf. Traugott 1977). 즉 특정 통사구조에 대한 높은 빈도의 사용이 외국인이 해당 통사구조를 습득한 것으로 볼 수는 없다.

이 두 언어사용역 ― 엄마말과 교사말 ― 은 대개 어떤 식으로든 단순화된 것으로 간주된다. 이 경우에 '단순화된'(simplified)이라는 용어는 비교의 측면과 진행의 측면을 모두 함의하며, '~보다 더 단순하게 되다 또는 ~보다 더 단순하게 표현되다'로 나타낼 수 있다. 다시 말해 엄마말이나 교사말은 다른 말 예컨대, 모국어를 말하는 성인들 사이에서 사용되는 말의 언어사용역보다 더 단순하다. 이러한 의미에서 엄마말과 교사말은 유표적인 언어사용역으로 간주될 수 있다. 왜냐하면 대화자가 보다 복잡한 언어사용역을 정상적으로 사용할 수 있기 때문에, 엄마말과 교사말은 아마도 유아나 외국인과 상호작용할 때 자신의 수사법을 단순화하는 것으로 간주할 수 있기 때문이다. 이 문맥에서 '단순화된'은 단지 수용자에 의해 처리되는 것이 단순하다는 것을 의미할 수 있다(Slobin의 명료성에 대한 기본 규칙(ground-rule)을 참조(Slobin 1973)). 나중에 언급하겠지만, 언어 체계나 언어 코드의 복잡성에 대해서는 어떠한 함의도 가지고 있지 않다.

반대로 이들 언어사용역에 대한 연구에서는 이들의 바탕을 이루는 문법이 완전히 복잡한 성인 문법의 코드라고 지적한다. 즉 손상된, 비문법적인, 피진이나 중간언어 같은 형식이라는 어떠한 증거도 없다. (엄마의 발화의 문법성에 대한 논의는 Newport et al.(1977)을 보라. 여기서 엄마의 발화를 벗어나지 않은 적형인 것으로 표현하였다.) 다시 말해, 사용된 코드가 구조적으로 단순하다는 어떠한 증거도 없다.[5] 하지만 단순화된

---

5) 문법의 경우에 단순성은 말솜씨가 좋기로 유명한 언어학자들이 고려하는 문제이다. 물론 특정 코드의 구조적 단순성과 일반적인 문법 기술에서의 단순성을 구분해야 한다. 다시 말해 특정 코드의 구조적 단순성은 문법의 평가와는 관계가 없다. 언어학자가 의도하지 않음에도 불구하고, 단순하다고 인정되는 꽤 일반적으로 받아들여지는 구조적인 문법 자질이 있다. 이에 대한 가장 유용한 토론은 Mühlhäusler(1974)이다. 물론 단순성은 코드의 전반적인 특성이다. 그래서 특정 언어의 하위 체계는 평행한 다른 언어의 하위 체계와의 비교에 의해 단순할 수 있다. 하지만 그러한 단순성은 어휘부와 같은 다른 곳에서의 상대적 복잡성에 의해 균형이 잡힐 수 있다.

단순성에도 두 종류가 있는 것으로 보인다. 상대적 '빈곤성'(poverty)(때때로 빈곤화(impovershment) 또는 축소(reduction)라고 불리는 과정을 이른다. Hymes 1971, Samarin 1971). 이는 다른 언어에서 발견되는 어떤 자질의 부재를 의미하며, 그것은 해당 체계의 다른 곳에서도 보상되지 않는다. 빈곤성이 가장 분명하게 드러나는 층위는 어휘부이지만, 또 다른 영역은 문체상의 부연 — 동일한 것을 다른 방식으로 말하는 것으로 상대적으로 고정된 단어의 순서, 수동 구문의 부재, 외치(外置), 문(文) 쪼갬(clefting) 등으로 실현된다. — 의 결핍 부분에서이다. 빈곤성의 전반적인 효과는 코드에 의해 전달되는 가능한 메시지의 영역을 축소시키고, 코드가 전달할 수 있는 담화의 형식을 축소시키는 것이다. Hymes(1971)는 이를 한정(restriction)이라고 불렀다.

코드에서의 단순성의 자질은 문법에서의 규칙성 정도에 의해 평가된다. 이는 형태론 체계에서 가장 분명하게 나타난다. 문법 형태소의 어휘는 적고, 일치(concord) 및 '명사와 동사의 관계'(rection)에 대한 표시가 없을 수 있다. 두 번째 단순성의

언어사용역이 복잡한 코드의 문법에 의해 생성된 전체 레파토리 형식에서 화자에 의해 선택된 것이라는 증거는 있다(Henzl 1974). 이는 단순한 언어사용역에서는 특정 형식이나 구조가 빈번하게 사용되지 않거나 또는 완전히 존재하지 않을 수 있음을 의미한다. 하지만 이것이 곧 코드가 단순화되고 있음을 의미하지는 않으며, 단지 그 사용(use)이 단순화되고 있는 것뿐이다. 코드와 언어사용역을 자주 혼동한다거나, '외국인말'과 같은 용어를 코드나 언어사용역을 지시하는 것처럼 사용하는 것은 바로 이러한 사실 때문이다. 이러한 선택 절차 자체가 하나의 언어사용역이라고 덧붙일 수 있겠지만, 어떤 경우에는 그것이 단순화된 것으로서의 특징을 나타내지 못한다. 왜냐하면 예컨대 법률가말처럼 그러한 절차가 보다 쉽게 대화 상대자에 의해 처리되는 효과를 가지지 못하기도 하기 때문이다.

나는 여기서 사용법(usage)과 사용(use)(Widdowson 1978)의 근본적인 차이, 외국인말 코드나 유아어 코드처럼 구조적으로 보다 단순한 문법이나 코드의 사용(이는 완전히 정상적인 복잡한 코드와 비교할 때 비문법적인 것으로 간주된다)과 엄마말이나 교사말처럼 완전히 복잡한 코드의 단순화된 사용의 근본적인 차이를 강조하고자 한다. 이러한 차이는 단순성이라는 측면에서 일반적으로 구별이 잘 안 된다. '말'(talk)이라는

자질은 내용과 표현 사이의 보다 규칙적인 일치이다. 이는 각각의 의미 개념이 모든 경우에 하나의 표면 형식으로 대응되는 구문(syntatic) 층위와 어휘 층위에서 일어날 수 있다. 이때 어휘 층위는 어휘 항목의 투명성이 크게 증가되고 합성 구조보다는 분석 구조가 선호되는 그러한 어휘 층위이다. 세 번째 단순성의 자질은 유표적 범주의 상대적 부재이다(Hyltenstam 1978). 이는 유표성의 개념이 보다 쉽게 설명되는 음운 층위에서 특히 분명히 보인다.
변형적 표현에서, 이러한 많은 자질들은 문법적으로 아주 단순화된 변형적 요소로써 나타난다(Meisel 1977).

용어가 언어 체계(또는 언어 코드)와 언어 체계의 사용(또는 언어사용역)을 구분하지 않고 사용되어 왔고, 지금도 여전히 그러고 있는 것은 역사적으로 불행한 일이다. 이는 결과적으로 많은 혼란을 초래했다. 내가 생각하기에 '말'은 가급적 수사법 다시 말해, 언어 사용(언어사용역)을 지시하는 것으로 남겨두어야 한다.

그렇지만 단순 언어사용역처럼 단순 코드가 으레 모국어 화자에게 어떤 특별한 언어 기능을 가지는 경우가 있다. 그래서 외국인말 코드가 일반적으로 외국인 발화를 묘사하거나 흉내 내기 위해 그리고, 유아어 코드가 애완동물이나 정신적인 결함을 가진 사람, 연인에게 말하기 위해 사용되곤 한다. 이러한 의미에서 단순 코드의 채택은 또한 언어사용역의 전환을 알리는 것일 수 있다. 종종 외국인말 코드와 유아어 코드가 각각 외국인, 유아에게 말하기 위해 채택되는 경우가 있다. 이때는 유표적인 감정적 의미나 유표적인 사회적 의미를 전달하고자 하는 것이다(Brown 1977, Meisel 1977, Ferguson and de Bose 1977). 다시 말해 대화 상대자들 간에 특별한 관계 — 아기를 사랑하는 엄마가 아기에게, 사장이 외국인 노동자에게 — 를 표현하는 것이다.

'언어사용역 전환'이 언제 문법적 복잡성의 하향 이동(제9장을 보라.), 즉 코드전환(code shift)을 수반하는지를 아는 것은 모국어 화자의 언어 능력의 일부분이다.

지금까지 '단순한'(simple) 또는 '단순화된'(simplified)을 두 가지 의미로 구별하여 사용해 왔다. 첫째는 심리언어학적인 의미로 수신자가 언어사용역과의 연결에 사용한 처리 절차가 '단순'하다는 의미이고, 둘째는 기술언어학적인 비교 의미로써 코드를 가리킬 때 코드가 구조적으로 '단순'하다는 의미이다. 이 둘 사이에는 어떠한 논리적인 연결도 없다고 보았다. 이제 보다 더 중요한 구별을 하고자 한다. 그것은 상태(state)와 과정(process)이다. '단순한'(simple)이란 용어는 어떤 코드나 언어사용역이 다른 코드나 언어사용역에 비해 단순하다처럼 어떤 상태나 또는 대상의 특성을 가리킬 때 사용된다. 반면에 '단순화된'은 단순화, 전환(shifting), 선택(selecting) 과정의 결과를 가리키거나 또는 코드나 언어사용역을 개념적으로 또는 구조적으로 더 단순하게 하기 위해 그것을 변경하는 과정의 결과를 가리킨다.

그래서 엄마말의 경우 화자인 엄마가 자신의 발화를 대화 상대자인 유아가 처리하기에 보다 단순하게 하기 위하여 일상의 복잡한 자신의 성인 수사법을 변경하거나 조정한다는 의미에서 단순화된 언어사용역이라고 말할 수 있다. 이와 비슷하게 모국어 화자가 구조적으로 보다 단순한 코드로 코드 전환하는 것 역시 단순화 단계 또는 과정이라고 말할 수 있다. 왜냐하면 모국어 화자가 자신의 정상적인 복잡한 코드를 구조적으로 보다 단순한 어떤 것으로 전환하기 때문이다. 그래서 모국어 화자의 발화에서, 외국인말로의 전환은 실제 단순화 단계 또는 과정이며, 따라서 외국인말 코드는 적절하게 선택된 단순화된 코드이다. 실제로 자신의 코드를 이러한 방식으로 단순화할 수 있는 것은 모국어 화자의 언어능력의 일부라고 제안되어 왔으며(Traugott 1973, Ferguson 1971, Bickerton 1977), 아마 그렇게 하는 일반적이고 보편적인 규칙이 존재할 가능성이 있다(Samarin 1971). 모든 언어에서의 단순 코드들과 피진들 사이의 구조적 단순성은 실제 이러한 가설을 지지한다.

상태와 과정에 대한 이 두 개념 사이의 대립은 피진 언어라는 용어에서 나타난다. 피진 언어는 한 편으로는 추측건대 단순 언어 코드의 특별한 유형에 대한 언급이고, 다른 한 편으로는 피진화의 과정에 대한 언급이다. 피진화의 과정은 상층의 언어가 단순화의 과정을 겪는 언어적 과정 ─ 즉 상층의 언어 L이 피진화될 때, 그 과정은 상층의 언어와 관련되어 있으면서 상층의 언어로부터 도출된 보다 단순한 코드, 피진 P로 귀결된다. ─ 이다. 피진화라는 용어가 사용되는 담론의 영역은 비교구조언어학이다. 피진화는 언어학적 과정이지 심리언어학적 과정이 아니다. 그리고 추측건대 피진은 상층의 언어 자료로부터의 노출을 통해 상층언어를 습득한 다른 언어를 가진 화자들에 의해 창조된 과정을 언급하는 것일 수 없다. 이는 전적으로 다른 문제이며, Bicketron(1977)은 이를 피진과는 극단적으로 반대의 조건인 상황에서의 제2언어 학습에서의 연습(exercise)으로 간주하였다. 이는 화자에 의한 코드 전환을 보이지 않기 때문에 단순화 과정이라고 말하는 것은 적절하지 않다. 정의에 의하면, 초기의 피진 화자는 분명히 상층 언어의 코드를 요구하지 않는다(만일 그렇다면 그는 학습자가 아니라 모국어 화자일 것이다). 그래서 초기 피진 화자는 심리언어학적인 의미에서 단순화하고 있다고 말할 수 없다.

그래서 내 주장에 의하면 만일 제1언어나 제2언어 습득 과정에서 학습자가 단순 문법이나 코드를 사용하고 있다는 것을 증명한다면, 그때 이 학습자는 목표 코드의 단순화 과정에 의한 단순 코드나 문법에 도달하지 않았다. 다시 말해서 가지고 있지 않은 것을 단순화할 수는 없기 때문이다. 그래서 학습자의 중간언어를 단순화된 것으로 간주하거나 또는, 제1언어나 제2언어 습득 과정을 부분적인 것으로 또는 초기 단계인 것으로, 단순화의 과정으로 말하는 것은 아주 오도된 것이다. 그런 태도가 한편으로 Valdman(1977a)이 '언어적 평가를 지향하는 관점'(evaluative linguistically oriented view)이라고 부르는 것과 다른 한편으로 언어 습득의 심리적인 과정과 전략을 설명하려는 시도 사이에 심각한 혼동을 일으키는 것이다. 유사한 태도가 Traugott(1977)에서도 보인다. 그는 이러한 경우에 단순화라는 용어의 사용을 언어에 대한 정적인 비교 관점으로부터 나온 메타이론적 개념으로 부른다. (내가 생각하기에) 이는 흔히 빠져드는 불행한 혼동이며, 언어 학습자의 전략과 과정이 무엇인가라는 복잡한 문제에 대한 타당한 고찰을 방해한다.

언어 습득이 단순화가 아닌 본질적으로 정교화와 복잡화의 과정이라는 것이 나의 제안이며, 이는 우리가 언어 습득에 대해 알고 있는 사실들과 일치한다. 이러한 제안은 물론 학습자가 정교화하는 것이 무엇인지 다시 말해, 학습자의 출발점이 무엇인지를 결정하는 방향으로 문제를 전환시킨 것이다. 이제 이 문제로 돌아가자.

정의에 따르면 제2언어 학습자는 이미 언어를 배워 왔고 대부분의 경우에 이미 완전히 복잡한 자신의 모국어 코드를 가지고 있다(만일 그렇지 않다면, 그들은 아마도 제2의 제1언어를 습득하고 있는 것이다). 따라서 우리는 여전히 대립 중에 있는 제1언어 습득의 출발점에 대한 논쟁(생득론 가설 대 상호작용론 가설)에는 참여하지 않아도 된다. 인간의 학습에 대해 우리가 알고 있는 지식으로는 제2언어 학습자가 자신이 이미 언어를 습득하면서 겪어왔던 전체 언어 학습 과정을 단순히 그대로 반복할 거라는 가정은 받아들이기 어려우며, 학습자가 이미 가지고 있는 지식, 특히 성인의 언어 기능에 대한 지식에 전혀 의지하지 않을 거라고 가정하는 것 또한 믿기 어렵다. 그래서 출발점에 대한 문제는 제2언어 학습자가 제2언어 습득이나 의사소통 과업에 바로 직면했을 때 자신의 어떤 언어 지식과 경험을 활용하는지를 정확히 결정하는 것이다.

물론 우리는 학습자의 출발점이 완전히 복잡한 모국어 체계이고, 점진적으로 모국어 체계를 목표어 체계의 방향으로 변경하거나 재구조한다고 가정하는 어떠한 가설도 적어도 통사적인 차원에서는 바로 제거할 수 있다(Nemser 1971, Selinker 1972). 만일 그렇다면, 학습자의 모국어가 고도로 복잡한 체계이므로 초기 단계에서의 중간언어 체계도 고도로 복잡할 것이다. 하지만 명백하게 그렇지 않다. 모든 사람이 동의하듯 학습자의 중간언어 체계는 극도로 단순하다. 재구조화 과정은 정교화 과정의 하나가 아니다.

여기서 두 가지 가능성을 생각해 볼 수 있다. 하나는 학습자가 유아가 모국어를 습득하는 것처럼 백지 상태에서 출발한다는 것이고, 다른 하나는 학습자가 약간의 단순한 기본적 문법으로부터 출발한다는 것이다. 모든 증거는 첫째의 가능성에 비판적이며, 지금까지 우리가 얘기해 온 내용 역시 마찬가지이다. 그래서 제2언어 습득의 출발점으로써 기본적이고 단순하면서 아마도 보편적인 코드, Traugott(1977)가 언어-중립적인 '자연 의미소'(natural semantax)라고 부른 개념에 주목한다. 이 개념을 받아들인다면, 학습자가 어떻게 그러한 자연 의미소를 알거나 습득하는지를 제시할 의무가 있다. 이 문제에 대해서는 두 가지 답변이 가능하다. 하나는 학습자가 자신의 언어공동체에서 일반적으로 사용되는 단순 코드 ― 예컨대 외국인말, 아기말 또는 다양한 종류의 다른 단순 코드 ― 와의 접촉을 통해 그러한 코드를 습득한다는 것이다(Ferguson 1971). 다른 하나는 학습자가 이미 한 번 언어 학습자였기 때문에 그러한 코드를 알고 있다는 것이다. 다시 말해, 학습자는 필연적으로 언어 습득 과정에서 스스로 그러한 코드를 만들어 내고, 계속해서 그러한 지식을 보유한다. 이는 언어 학습자가 정교화 과정으로 나아가기에 앞서 자신의 언어 발달의 초기 단계로 퇴행, 즉 자신의 언어 발달 단계에서 만들어진 지식에 접근한다고 보는 것이다.

이러한 방향을 견지하는 것은 '우리 모두는 문법을 단순화하는 보편적인 규칙을 알고 있다'는 Samarin의 제안을 달리 표현하는 것으로 간주될 수 있다. 물론 이러한 생각은 새로운 것은 아니며, 피진의 발달에 관한 연구들에서 제안되어 왔던 것이다(Traugott 1973, Bickerton 1977, Ferguson and De Bose 1977, Ervin-Tripp 1974 등). 이러한 관점을 나타내는 몇 가지 전형적인 표현을 제시하면 아래와 같다.

의사소통 능력은 언어를 막 배우기 시작하는 화자가 자신이 알고 있는 제한된 기본 어휘 항목들의 집합 안에서 그들을 이해하도록 만드는 능력이다(Ferguson and De Bose 1977:117).

급격한 언어 전환은 성인 혁신의 전형인 어휘 항목의 습득을 포함하지 않는가? 성인 혁신은 부분적으로든 전체적으로든 화자의 모국어에서 억압되어 온, 특히 통사적이 과정에서, 보다 이른 시기의 과정으로의 퇴행과 연결되어 있다(Traugott 1973:318).

(제2언어를 학습하는 어린이) … 특정 조건 하에서 여전히 사용 가능한 처리 전략으로 퇴행 … (자신의 모국어에서)(Ervin-Tripp 1974:126).

사실들로부터의 개연성 있는 추론은 이들이 명시적인 조건 하에서 나타나는 언어적 단순화의 보편적 원리들이라는 것이다. 이러한 조건들 중에는 제약된 사회적 환경에서의 언어 사용과 비모국어 화자의 언어 사용(두 조건은 피진에 적용된다), 그리고 미성숙한 초보 화자의 언어 사용이 있다(Newport et al. 1977:135).

어린아이가 유아인 동생과 상호작용할 때 보다 이른 시기의 보다 단순한 코드(아기말)로 되돌아가는 유연성이 발견되는데, 이는 이러한 주장을 추가적으로 뒷받침한다(Traugott 1977, Jacobson 1968, Schatz and Gelman 1977). 이는 이러한 기본적인 단순 코드가 실제 학습되는 것이 아니라 기억되는 것이며, 이러한 코드를 이용하는 것은 제2언어 학습과 같은 특별한 상호작용 상황이나 어떤 희생을 치르더라도 의사소통을 해야 하는 필요에 의해 유발됨을 시사한다.

결론적으로 단순화가 제2언어 습득에서 하나의 과정으로 또는 학습 전략으로 어떠한 역할을 한다면, 그때 그것은 목표어의 단순화된 체계가 아니라 모국어, 다시 말해 이미 알고 있는 언어의 단순화된 체계이다. 그리고 단순화는 기본적이고 보편적인 언어-중립적 자연 의미소로의 방향이며, 그것은 제2언어 습득의 출발점을 의미한다.

Bibliography

Bailey, C-J. and R. W. Shuy (eds.) (1973). *New Ways of Analysing Variation in English*. Washington: Georgetown University Press.

Bailey, N., C. Madden, and S. Krashen (1974). 'Is there a "natural sequence" in adult second language learning?' *Language Learning*, Vol. 24 No. 2, 235–243.

Bellugi, V. and R. Brown (eds.) (1968). *The Acquisition of Language*. Monograph of the Society for Research in Child Development, Vol. 29 No. 1.

Bickerton, D. (1975). *Dynamics of a Creole System*. Cambridge: Cambridge University Press.

Bickerton, D. (1977). 'Language Acquisition and Language Universals' in Valdman 1977b.

Boomer, D. S. and J. M. Laver (1968). 'Slips of the tongue'. *British Journal of Disorders of Communication*, Vol. 3 No. 1.

Brown, R. W. and C. Frazer (1964). 'The Acquisition of Syntax' in Bellugi and Brown 1968.

Brown, R. (1977). 'Talking to Children: Language Input and Output' in Snow and Ferguson 1977.

Burt, M. and H. Dulay (1974). 'A New Perspective on the Creative Construction Process in Child Second Language Acquisition'. *Working Papers in Bilingualism* 4, 71–98. Toronto: Ontario Institute for Studies in Education.

Carroll, J. B. (1955). *The Study of Language*. Cambridge: Harvard University Press.

Carroll, J. B. (1966). *Research in Foreign Language Teaching: The Last Five Years*. Report of the North East Conference on the Teaching of Foreign Languages 1966.

Cave, G. N. (1970). 'Some sociolinguistic factors in the production of standard language in Guyana'. *Language Learning*, Vol. 20 No. 2, 249‒63.

Chomsky, N. (1966). *Research on Language Learning and Linguistics*. Report of the North East Conference 1966.

Clyne, M. (1968). 'Zum Pidgin‒Deutsch der Gastarbeiter'. *Zeitschrift für Mundartforschung*, Vol. 35, 130‒139.

Corder, S. P. (1973). *Introducing Applied Linguistics*. Harmondsworth: Penguin.

Corder, S. P. (1977a). 'The Language of Kehaar'. *RELC Journal*, Vol. 8, No. 1, 1‒12.

Corder, S. P. and E. Roulet (eds.) (1977b). *Actes du Vème Colloque de Linguistique Appliqué de Neuchâtel*. Geneva: Droz et Université de Neuchâtel.

De Camp, D. (1971). 'Towards a Generative Analysis of a Post‒Creole Speech Community' in Hymes 1971.

Dickerson, L. J. (1975). 'The learner's language as a system of variable rules'. *TESOL Quarterly*, Vol. 9 No. 4, 401‒407.

Dulay, H. and M. Burt (1972). 'Goofing: an indication of children's second language learning strategies'. *Language Learning*, Vol. 22 No. 2, 235‒51.

Dulay, H. and M. Burt (1973). 'Should we teach children syntax?'. *Language Learning*, Vol. 23 No. 2, 245‒258.

Dulay, H. and M. Burt (1974). 'Natural sequences in child second language acquisition'. *Language Learning*, Vol. 24 No. 1, 37‒53.

Entwhistle, W. I. (1936). *The Spanish Language*. London: Faber and Faber.

Ervin-Tripp, S. (1974). 'Is second language learning like the first?'. *TESOL Quarterly*, Vol. 8 No. 2, 111‒129.

Ferguson, C. A. (1964). 'Baby Talk in Six Languages' in Gumperz and Hymes 1964.

Ferguson, C. A. (1966). *Research on Language Learning: Applied Linguistics.* Report of the North East Conference 1966.

Ferguson, C. A. (1971). 'Absence of the Copula and the Notion of Simplicity' in Hymes 1971.

Ferguson, C. A. and D. Slobin (eds.) (1973). *Studies of Child Language Development.* New York: Holt, Rinehart and Winston.

Ferguson, C. A. (1975). 'Towards a characterisation of English foreigner talk'. *Anthropological Linguistics*, 17, 1–14.

Ferguson, C. A. and C. E. De Bose (1977). 'Simplified Registers, Broken Language and Pidginization' in Valdman 1977b.

Fodor, J. A. and J. J. Katz (eds.) (1964). *The Structure of Language.* Englewood Cliffs, New Jersey: Prentice Hall.

Gaies, S. J. (1978). 'The Nature of Linguistic Input in Formal Second Language Learning'. *On TESOL* 77, 204–212. Washington: TESOL.

Gumperz, J. and D. Hymes (eds.) (1964). 'The ethnography of communication'. *American Anthropologist*, 66, 6, part 2. Washington: American Anthropological Association.

Hall, R. A. (1966). *Pidgin and Creole Language.* Ithaca: Cornell University Press.

Hatch, E. and J. Wagner-Gough (1976a). 'Explaining Sequence and Variation in Second Language Acquisition' in Brown, D.(ed.). *Papers in Second Language Acquisition. Language Learning* Special Issue No. 4.

Hatch, E., R Shapiro. and J. Gough (1976b). 'Foreigner Talk Discourse'. Paper given at USC–UCLA Second Language Acquisition Forum 1976.

Hatch, E. (1978). 'Discourse Analysis and Second Language Acquisition' in Hatch, E.(ed.). *Second Language Acquisition.* Rowley: Newbury House.

Henzl, V. (1974). 'Linguistic register of foreign language instruction'. *Language Learning*, Vol. 23, No. 2, 207–22.

Henzl, V. (1975). 'Speech of Foreign Language Teachers: A Sociolinguistic Register Analysis'. Paper given at the fourth AILA Congress, Stuttgart 1975.

Hockett, C. F.(1948). 'A note on "Structure"' in Joos, M. (ed.). *Readings in Linguistics.* University of Wisconsin Press.

Hyltenstam, K. (1977). 'Implicational patterns in interlanguage syntax variation'. *Language Learning*, Vol. 27 No.2, 383-411.

Hyltenstam, K. (1978). 'A Framework for the Study of Interlanguage Continua'. *Working Paper No.* 18. Department of General Linguistics, University of Lund.

Hymes, D.(ed.)(1971). Introduction to Section III *Pidginization and Creolization of Languages.* Cambridge: Cambridge University Press, 63-90.

Jakobson, R. (1956). 'Two aspects of Language and Two Types of Aphasic Disturbance' in *Fundamentals in Language.* The Hague: Mouton.

Jakobson, R. (1968). *Child Language, Aphasia and Phonological Universals.* New York Humanities Press, 16-17.

James, C. (1971). 'Foreign Language Learning by Dialect Expansion'. Paper read to PAKS Symposium, Stuttgart 1971.

James, C. (1974). 'Linguistic measures for error gravity'. *AVLA Journal*, Vol. 12 No. I , 3-9.

Katz, J. J. (1964). 'Semi-Sentences' in Fodor and katz 1964.

Kay, P. and G. Sankoff (1972). 'A language Universal Approach to Pidgins and Creoles'. *23nd Georgetown Roundtable on Language and Linguistics.* Georgetown University Press.

Kellerman, E. (1977). 'Towards the characterisation of the strategy of transfer in second language learning'. *Interlanguage Studies Bulletin*, Vol. 2 No, I , 58-146.

Krashen, S. (1977). 'Some Issue Relating to the Monitor Model' in *On TESOL* 1977. Washington: TESOL.

Lado, R. (1961). *Linguistics Across Cultures.* Ann Arbor: University of Michingan Press.

Lambert, W. A. (1966). *Some Observations on First Language Acquisition and Second Language Learning.* (Mimeograph).

Larsen-Freeman, D. (1975). 'The acquisition of grammatical morphemes by adult second language students'. *TESOL Quarterly*, Vol. 9 No. 4, 409-419.

Lenneberg, E. H. (ed.) (1966). *New Directions in the Study of Language.* Cambridge: M.I.T. Press.

Lenneberg, E. H. (1967). *The Biological Foundations of Language*. New York: Wiley.

Levenston, E. A. (1971). 'Overindulgence and Underrepresentation–Aspects of Mother Tongue Interference' in Nickel 1971.

Lyons, J. (1968). *Introduction to Theoretical Linguistics*. Cambridge: Cambridge University Pres.

Lyons, J. (1972). 'Human Language' in Hindle, R. A. (ed.). *Non Verbal Communication*. Cambridge: Cambridge University Press.

Lyons, J. (1973). 'Deixis as a Source of Reference'. *Work in Progress* No. 6. Department of Linguistics, University of Edingburgh.

McNeill, D. (1966). 'Developmental Psycholinguistics' in Smith and Miller 1966.

Mager, R. F. (1961). 'On the sequencing of instructional content'. *Psychological Reports* 1961, 405–12.

Meisel, J. (1977). 'Linguistic Simplification: A Study of Workers' Speech and Foreigner Talk' in Corder and Roulet 1977.

Miller, G. A. (1964). 'The psycholinguists'. *Encounter*, Vol 23 No. 1, 29–37.

Miller, G. A. (1966). 'Language and Psychology' in Lenneberg 1966b.

Mühlhäusler, P. (1974). 'Pidginization and Simplification of Language'. *Pacific Linguistic Series*: B26. Australian National University.

Nemser, W. (1971). 'Approximative systems of foreign language learners'. *IRAL*, Vol. 9 No. 2, 115–123.

Newmark, L. (1966). 'How not to interfere with language learning'. *International Review of American Linguistics*, 40, 77–83.

Newport, E. L., H. Gleitman, and L. R. Gleitman (1977). 'Some Effects and Non–Effects of Maternal Speech Style' in Snow and Ferguson 1977.

Nickel, G. (ed.) (1971). *Contrastive Linguistics*. Cambridge: Cambridge University Press.

Nickel, G. (1973). 'Aspects of Error Analysis and Grading' in Svartvik 1973.

Palmer, H. E. (1917). *The Principles of Languages Study*. Reprinted in Language and Language Learning. Oxford: Oxford University Press 1964.

Perkins, K. and D. L. Freeman (1975). 'The effect of formal language instruction on the order of morpheme acquisition'. *Language Learning*, Vol. 25, No. 2, 237-243.

Reibel, D. A. (1969). 'What to do with Recalcitrant Relatives' Paper given at the Linguistic Association of Great Britain meeting April 1969.

Richards, J. C. (1971). 'Error analysis and second language strategies'. *Language Science*, Vol. 17, 12-22.

Richards, J. C. (1974). 'Simplification: a Strategy in Adult Acquisition of a Foreign Language'. Paper given at the Second Conference on the Standardization of Languages, Manila 1974.

Samarin, W. J. (1971). 'Salient and Substantive Pidgins' in Hymes 1971.

Saporta, S. (1966). 'Applied Linguistics and Generative Grammar' in Valdman 1966.

Schatz, M. and R. Gelman (1977). 'Beyond Syntax: The Influence of Conversational Constraints on Speech Modification' in Snow and Ferguson 1977.

Schumann, J. H. (1975). 'Implication of Pidginization and Creolization for the Study of Adult Second Language Acquisition' in Schumann and Stenson 1975.

Schumann, J. H. and N. Stenson (eds.) (1975). *New Frontiers in Second Language Learning.* Rowley: Newbury House.

Selinker, L. (1969). 'Language transfer'. *General Linguistics*, Vol. 9 No. 2, 67-92.

Selinker, L. (1972). 'Interlanguage'. *IRAL*, Vol. 10 No. 3, 219-31.

Slobin, D. (1973). 'Cognitive Prerequisites for the Acquisition of Grammar' in Ferguson and Slobin 1973.

Smith, F. and G. A. Miller (eds.) (1966). *The Genesis of Language.* Cambridge: M.I.T. Press.

Snow, C. E. and C. A. Ferguson (1977). *Talking to Children: Language Input and Acquisition.* Cambridge: *Cambridge* University Press.

Spolsky, B. (1966). 'A psycholinguistic critique of programmed foreign language instruction'. *IRAL*, Vol. 4 No. 2, 119-29.

Svartvik, J. (ed.) (1973). *Errata: Papers in Error Analysis.* Lund: Gleerup.

Tarone, E., A. D. Cohen. and G. Dumas (1976). 'A closer look at some interlanguage terminology: a framework for communication strategies'. *Working*

Papers in Bilingualism 9, 76–91. Toronto: Ontario Institute for Studies in Education.

Taylor, B. (1975). 'The use of overgeneralisation and transfer learning strategies by elementary and intermediate students in ESL'. *Language Learning*, Vol. 25 No. 1, 73–107.

Thorne, J. B. (1965). 'Stylistics and generative grammars'. *Journal of Linguistics*, Vol. 1 No. 1, 49–59.

Traugott, E. (1973). 'Some Thoughts on Natural Syntactic Processes' in Bailey and Shuy 1973.

Traugott, E. (1977). 'Natural Semantax: Its Role in the Study of Second Language Acquisition' in Corder and Roulet 1977.

Tsuzaki, S. M. (1971). 'Coexistent Systems in Language Variation' in Hymes 1971.

Valdman, A. (ed.) (1966). *Trends in Modern Language Teaching.* New York: McGraw–Hill.

Valdman, A. (1977a). 'Elaboration in Creole French Dialects' in Valdman 1977b.

Valdman, A. (1977b). *Pidgin and Creole Linguistics.* Bloomington: Indiana University Press.

Valdman, A. (1978). 'On the relevance of the pidginization–creolization model for second language learning'. *Studies in Second Language Acquisition*, Vol. 1 No. 2, 55–77.

Varadi, T. (1973). 'Strategies of Target Language Communications: Message Adjustment'. Paper given at the sixth Conference of Rumania–English Project, Timisoara 1973.

Whinnom, K. (1971). 'Linguistic Hybridization' in Hymes 1971.

Widdowson, H. G. (1977). 'The significance of simplification'. *Studies in Second Language Acquisition*, Vol. 1 No.1, 11–21.

Widdowson, H. G. (1978). *Teaching Language as Communication.* Oxford: Oxford University Press.

▌신승용

서강대학교 국어국문학과 학사, 석사, 박사
이화여자대학교 연구전임강사
현재 영남대학교 국어교육과 부교수
　　　영남대학교 대학원 외국어로서의 한국어교육학과 겸직

저서
『음운 변화의 원인과 과정』(2003, 태학사)
『국어 음절음운론』(2007, 박이정)
『문학 속의 경상 방언』(이상규 · 신승용 공저, 2010, 역락)

논문
영어 차용어의 자음 대응 원칙에 대한 고찰
『문법』교과서 어휘 대단원의 비판적 검토(2006)
어휘 오류 분석의 문제점과 어휘 오류 처치 방안 연구(김지민 · 신승용 공저, 2010)
외 다수.

▌김지민

한국외국어대학교 한국어교육과 학사
한국외국어대학교 대학원 국어국문학과 석사
영남대학교 대학원 외국어로서의 한국어교육학과 박사 수료
한국외국어대학교, 경북대학교 한국어강사 역임
현재 대구대학교, 영남대학교 강사

논문
교수 · 학습 관점에서 본 오류 판정과 해석의 조건(2009)
어휘 오류 분석의 문제점과 어휘 오류 처치 방안 연구(김지민 · 신승용 공저, 2010)

▌이순영

영남대학교 국어국문학과 학사
영남대학교 대학원 외국어로서의 한국어교육학과 석사
영남대학교 대학원 외국어로서의 한국어교육학과 박사 수료
현재 영남대학교 한국어학당 한국어 강사
　　　대구대학교, 영남대학교 강사

중간언어와 오류 분석

Error Analysis and Interlanguage

초판 인쇄 2011년 4월 5일
초판 발행 2011년 4월 12일

지은이 S Pit Corder
옮긴이 신승용 · 김지민 · 이순영
펴낸이 박찬익
책임편집 이기남

펴낸곳 도서출판 **박이정**
주 소 서울시 동대문구 용두동 129-162
전 화 02)922-1192~3
전 송 02)928-4683
홈페이지 www.pjbook.com
이메일 pijbook@naver.com
온라인 국민 729-21-0137-159
등 록 1991년 3월 12일 제1-1182호

ISBN 978-89-6292-163-2 (93700)

* 책값은 뒤표지에 있습니다.